Jhonatan Pache

# ATÉ ONDE VAI A SUA FORÇA

*Quebre as barreiras que te impedem de crescer e alcance o extraordinário*

Autor:
**JHONATAN PACHE**

Edição e Coordenação Editorial:
**JOÃO ABREU**

Projeto Gráfico e Diagramação:
**RODRIGO CAIRO**

Capa:
**THAIS MARTINS DE LIMA**

Revisão:
**GABRIELA BAUMAM**

**Dados Internacionais de Catalogação na Publicação (CIP)**
**(eDOC BRASIL, Belo Horizonte/MG)**

---

Pache, Jhonatan, 1982-
P116a Até Onde Vai a Sua Força: Quebre as barreiras que te impedem de crescer e alcance o extraordinário / Jhonatan Pache. – Rio de Janeiro, RJ: Insight, 2025
254 p. : foto. ; 16 x 23 cm

Inclui bibliografia
ISBN 978-65-98444-76-1

1. Empreendedorismo. 2. Superação. 3. Técnicas de autoajuda. I. Título.

CDD 658.4

---

Elaborado por Maurício Amormino Júnior – CRB6/2422

# AGRADECIMENTOS

Escrever este livro foi uma das jornadas mais transformadoras da minha vida. Cada página carrega não apenas as lições que aprendi ao longo dos anos, mas também a força, o amor e o apoio de pessoas essenciais na minha caminhada.

À minha família, meu alicerce inabalável.

À Vivian, minha esposa, minha companheira de todas as batalhas e conquistas. Seu amor, paciência e apoio incondicional foram a força silenciosa que me sustentou nos momentos mais desafiadores. Você sempre acreditou em mim, mesmo quando eu duvidava, e isso fez toda a diferença. Este livro também é seu, pois sem você, muitas destas histórias não teriam sido possíveis.

Aos meus filhos, Emanuel e Gabriel, minha maior inspiração. Vocês me ensinam, todos os dias, o verdadeiro significado da resiliência, da alegria e do amor incondicional. Que este livro sirva como um legado para vocês, mostrando que não existem barreiras intransponíveis quando temos fé, determinação e propósito.

Aos meus pais, que foram os primeiros a me ensinar sobre força e caráter. Vocês me mostraram, pelo exemplo, que o trabalho duro, a honestidade e a perseverança são as bases de uma vida bem-sucedida. Cada conselho, cada gesto de amor e cada sacrifício feito por mim me trouxeram até aqui. Minha gratidão a vocês é eterna.

À minha irmã, Tatiane, que sempre esteve ao meu lado e me ajudou a crescer como ser humano. Que este livro seja também um reconhecimento da importância da nossa história e dos laços que nos unem.

E, acima de tudo, a Jesus Cristo, meu verdadeiro guia, minha rocha e minha fonte inesgotável de força e sabedoria. Sem Ele, nada do que conquistei teria sido possível. Em cada desafio, em cada recomeço, em cada momento de dúvida, Sua presença foi meu sustento. Que tudo o que está neste livro sirva para honrar e glorificar Seu nome, pois sei que todas as coisas cooperam para o bem daqueles que amam a Deus.

A todos que, de alguma forma, fizeram parte dessa jornada — amigos, alunos, mentores, colaboradores e leitores que se conectarão com esta história — meu mais sincero obrigado.

Que este livro seja um instrumento de transformação, inspiração e força na vida de cada um.

Com gratidão e fé,
*Jhonatan Pache*

# PREFÁCIO

*Pastor Claudio Duarte*

*O Pastor Claudio Duarte é casado com Mary Duarte, pai do Caio e do Filipe, e avô do Miguel e da Laura. É pastor itinerante no Brasil e no exterior, líder de uma igreja local chamada Projeto Recomeçar, palestrante, empresário e apresentador de* stand-up comedy.

Como líder espiritual e homem de negócios, entendo que a vida é um campo de batalhas. Todos os dias, enfrentamos desafios que colocam à prova nossa fé, nossa resiliência e nossa determinação para seguir em frente. Alguns desses desafios chegam sem aviso, outros são frutos das escolhas que fazemos ao longo do caminho. Mas há uma verdade inegável: o que realmente nos define não são as dificuldades que enfrentamos, mas a força que encontramos dentro de nós para superar as adversidades e seguir adiante, mais firmes, mais sábios e mais preparados para viver o nosso propósito.

Em "Até Onde Vai a Sua Força", Jhonatan Pache não apenas compartilha sua jornada, ele entrega ferramentas poderosas para que qualquer pessoa possa alcançar seus objetivos e enfrentar os desafios com sabedoria, estratégia e fé. Por meio da Metodologia MÁXIMA, ele nos ensina que sucesso não é questão de sorte, mas sim de clareza de propósito, consistência, estratégia e, acima de tudo, da coragem de agir.

Vivemos tempos em que muitas pessoas se sentem perdidas, sem direção, questionando se realmente têm o que é necessário para alcançar seus sonhos. Este livro traz uma resposta clara: sim, você tem força — e ela pode ir muito além do que você imagina.

Se você deseja crescer na vida, nos negócios e encontrar mais clareza sobre o seu chamado pessoal, esta leitura será um divisor de águas. Meu conselho? Não apenas leia este livro — absorva cada experiência, cada ensinamento e coloque-os em prática. Você descobrirá que a força de que precisa já está dentro de você.

*Claudio Duarte*

# SUMÁRIO

# COMECE POR AQUI

No final daquele ano, eu estava com a corda no pescoço. Precisava concluir uma venda importante de material didático para o setor público, mas o processo estava indo e voltando, sem definição. Era uma negociação crucial, porque a gente tinha feito alguns investimentos ao longo do ano e o retorno só viria no ano seguinte. Só que, naquele momento, o pagamento do décimo terceiro dos meus colaboradores dependia daquela venda. A pressão era enorme.

Todo o processo de compra precisava ser concluído antes do final do ano. Caso contrário, a instituição perderia o orçamento, e eu, a venda. O prazo que eu tinha para confirmar a impressão de forma que a gráfica conseguisse rodar os livros e entregar ainda em dezembro estava esgotando, mas o empenho (pedido de compra) do município, que garante o pagamento, ainda não tinha saído.

Então, chegou um ponto em que eu pensei: "Jhonatan, ou você assume o risco agora, ou o barco afunda". Se eu esperasse um pouco mais, corria o risco de não conseguir entregar a tempo e perder o pagamento. Foi quando eu decidi arriscar. Liguei para a gráfica e falei: "Pode rodar, confia em mim". Eles rodaram dez mil livros sem nem ter o empenho confirmado. Eu estava realmente apostando todas as fichas.

Foi um risco enorme, mas eu acreditava que o negócio seria fechado. Só que, na verdade, não foi uma decisão baseada apenas naquela crença de que, no final, tudo daria certo. Àquela altura, eu já tinha evoluído bastante como empresário e tinha clareza suficiente para analisar a situação de forma realista. Não era um salto no escuro;

era um risco calculado, embasado na experiência que eu tinha acumulado e na leitura cuidadosa que fiz do cenário. Sabia que, se desse errado, teria um problema grande nas mãos, mas também sabia que, se desse certo, seria a virada que precisávamos. E foi essa combinação de intuição, experiência e análise que me deu coragem para seguir em frente.

E deu tudo certo! Mas confesso que, quando o empenho finalmente saiu, foi como se um peso gigante tivesse saído das minhas costas. A entrega foi feita a tempo, o pagamento veio, e tudo se resolveu.

Mas aquela experiência me marcou profundamente. Foi um daqueles momentos em que você para e se pergunta: "Até onde eu consigo ir? **Até onde vai a minha força?**". Aquela situação me fez pensar que, muitas vezes, estamos mais preparados do que imaginamos, mas só descobrimos isso quando nos desafiamos ao limite. E foi justamente essa reflexão que me inspirou a escrever este livro.

## Como Aproveitar Bem Este Livro

Se você está com este livro em mãos agora, não tenho dúvidas de que há um grande motivo para isso. Talvez você seja um empresário em busca de mais crescimento ou alguém que já empreende, mas sente que poderia estar em um nível mais alto. Talvez você tenha um negócio promissor, mas os desafios diários parecem testar sua resiliência a todo instante. Ou, quem sabe, você ainda esteja sonhando com o dia em que finalmente dará o primeiro passo para construir sua própria história de sucesso. Independentemente de onde você esteja hoje, saiba que este livro foi escrito para você.

Eu não sou um teórico. Tudo o que você encontrará neste livro vem da minha jornada real como empreendedor, com erros, acertos e aprendizados que moldaram quem sou hoje. Mas também trago o conhecimento que adquiri ao longo do tempo, seja por meio de estudos, de mentorias ou de experiências práticas.

Comecei minha carreira como professor e, com o tempo, me tornei empresário do setor da educação. Hoje, lidero uma *holding* que abriga uma rede de escolas próprias e franqueadas, uma franqueadora e uma editora. Mas, antes de chegar até aqui, passei por desafios que quase me fizeram desistir. Vivi momentos de extrema dificuldade financeira, tomei decisões erradas, tive que recomeçar mais de uma vez.

Ao longo dessa jornada, aprendi uma lição que levo comigo até hoje: trabalhar duro é essencial, mas não é o suficiente. O que realmente faz a diferença é a combinação de conhecimento e comportamento. São esses dois pilares que transformam esforço em resultados concretos. Conhecimento te dá a direção, te ensina o "como fazer", mas é o comportamento — a atitude, a persistência, a coragem de arriscar — que coloca tudo em movimento. Por isso, este livro não é apenas um relato de experiências. Ele é um guia prático para que você possa aprender com os acertos e erros que cometi, para que você possa acelerar seu próprio caminho rumo ao sucesso.

Em alguns momentos do livro, proponho pausas estratégicas para reflexão, momentos em que você pode parar, respirar e encontrar a força necessária para superar obstáculos ou alcançar seus objetivos. Sugiro que você faça a leitura com um olhar ativo, sempre pensando em como aplicar as experiências, conhecimentos e *insights* que compartilho na sua própria vida e no seu negócio. Afinal, a ideia não é apenas ler, mas sim absorver e colocar em prática o que faz sentido para a sua realidade.

Ao longo dos seis primeiros capítulos, você vai mergulhar na essência do método que criei e que foi fundamental para eu alcançar os resultados que tanto almejava, construindo uma empresa não apenas lucrativa, mas também sustentável. Esse método, que chamei de **FORÇA MÁXIMA PARA GERAR RESULTADOS CONSISTENTES**, é estruturado em seis pilares essenciais, representados pelo acrônimo **MÁXIMA**:

**M**entalidade
**A**titude
**X** de Multiplicação
**I**nteligência
**M**arca
**A**creditar

No primeiro capítulo, **A FORÇA DA SUA DECISÃO DEVE SER MAIOR DO QUE A FORÇA DA SUA ORIGEM**, você verá como a mentalidade certa pode mudar o rumo da sua vida e do seu negócio. O pilar desse capítulo é a **Mentalidade**. Tudo começa na sua mente — a forma como você pensa é o que determina seus resultados. Você precisa desenvolver uma mentalidade forte, capaz de superar obstáculos e enxergar oportunidades onde outros veem dificuldades.

No capítulo 2, **A FORÇA DE UM PROPÓSITO**, ressalto a importância de ter um norte claro e uma razão forte para continuar, mesmo diante dos desafios. O pilar desse capítulo é a **Atitude**. Ter uma visão clara é essencial, mas nada acontece sem ação. Grandes conquistas são resultado de decisões corajosas e de disposição para agir, mesmo quando o cenário parece desfavorável. Sua atitude determina seu futuro.

Já no capítulo 3, **A FORÇA DO EMPREENDEDORISMO**, você entenderá que ser um empresário vai muito além de apenas abrir um negócio — é sobre saber **multiplicar** não apenas os resultados financeiros, mas também o seu impacto. O pilar desse capítulo é o **X de Multiplicação**. Nenhum grande negócio é construído sozinho. O crescimento real acontece quando você aprende a expandir sua visão e a formar equipes alinhadas ao seu propósito. Saber liderar, influenciar e construir as conexões certas é o que permitirá que seu impacto vá além das suas próprias limitações.

No capítulo 4, **A FORÇA DA CLAREZA**, abordo como a inteligência e o conhecimento certo podem dissipar a neblina da incerteza e guiar suas decisões. O pilar desse capítulo é a **Inteligência**. Não basta apenas trabalhar duro — é preciso trabalhar de forma inteligente. Tomar decisões estratégicas, aprender continuamente e equilibrar razão e emoção são habilidades essenciais para garantir o crescimento sustentável do seu negócio.

No quinto capítulo, **FORÇA MÁXIMA — A FORÇA DA CULTURA DE UMA MARCA**, abordo a importância de criar uma identidade forte e impactante. O pilar aqui é a **Marca** — tanto a marca da empresa quanto a marca pessoal. A marca é o que faz as pessoas se conectarem com você e com o seu negócio. Ela reflete sua essência, seus valores e a cultura que você dissemina. Uma marca forte, autêntica e consistente é o que constrói confiança, gera identificação e deixa um legado que realmente impacta.

No capítulo 6, **A VIDA, ÀS VEZES, BATE COM FORÇA**, você verá como a resiliência e a crença inabalável no processo e no seu próprio potencial podem ser a chave para superar até os momentos mais difíceis. O pilar desse capítulo é **Acreditar**. Tudo começa com a fé — fé em si mesmo, em seu propósito e na jornada que está trilhando. Sem acreditar, você não terá a força necessária para continuar quando os desafios surgirem. E, acredite: eles vão aparecer. Mas a diferença entre os que desistem e os que vencem está na capacidade de manter a confiança, mesmo quando tudo parece incerto.

Em seguida, no capítulo 7, vou mergulhar com você no **MÉTODO FORÇA MÁXIMA PARA GERAR RESULTADOS CONSISTENTES**, detalhando cada um dos pilares — Mentalidade, Atitude, X de Multiplicação, Inteligência, Marca e Acreditar. Aqui, você encontrará *insights* e orientações valiosas para aplicar imediatamente na sua vida e nos seus negócios.

A metodologia MÁXIMA não é apenas um conceito, mas um guia prático para quem quer ir além e conquistar resultados que realmente importam. E o melhor: você pode adaptar cada pilar à sua realidade, seja na vida pessoal ou profissional. Porque, no fim das contas, o sucesso é resultado de como você pensa, age e acredita.

E já adianto uma frase que repito ao longo deste livro, porque ela resume tudo:

**É uma ilusão acreditar que você pode realizar algo grandioso sem fazer mais do que as outras pessoas estão fazendo.**

Essa é a essência do método: ir além, superar expectativas e construir algo que realmente faça a diferença.

No capítulo 8, destaco **A FORÇA DA MENTORIA** e o impacto transformador que essa ferramenta teve na minha trajetória, expandindo minha visão e desbloqueando meu potencial. Ao longo da minha jornada, percebi que, por mais que eu tivesse objetivos claros, conhecimento e determinação, havia momentos em que eu precisava de orientação para enxergar além dos desafios imediatos e tomar decisões estratégicas. Aprendi que, por mais que tenhamos talento e visão, buscar conselhos de quem já trilhou caminhos semelhantes pode fazer a diferença entre ficar estagnado e alcançar novos patamares.

Eu não poderia encerrar este livro sem dedicar um capítulo especial à **FORÇA DA GRATIDÃO**. Sempre foi — e sempre será — sobre pessoas. Sempre digo que ninguém constrói nada grandioso sozinho, e ao longo da minha trajetória tive o privilégio de contar com pessoas incríveis ao meu lado. Cada uma delas, de alguma forma, contribuiu para minha evolução como ser humano, empresário e líder.

Esse capítulo é uma forma de reconhecer e agradecer àqueles que fizeram a diferença na minha jornada. Mais do que um gesto de gratidão, é também um convite para que você reflita sobre as pessoas que foram — e continuam sendo — essenciais no seu caminho. Afinal, quando valorizamos genuinamente as pessoas, fortalecemos laços e criamos conexões mais profundas.

Este livro é um convite para que você transforme sua forma de pensar, agir e empreender. Aqui, você não encontrará atalhos ou fórmulas mágicas — porque o sucesso verdadeiro não é construído dessa forma. Em vez disso, compartilho um caminho testado e validado, baseado em princípios que qualquer pessoa determinada a crescer e vencer pode aplicar.

Agora, a pergunta que fica é: **você está pronto para dar o próximo passo?**

Se a resposta for sim, então é a hora de colocar **FORÇA MÁXIMA** e seguir em frente. Vamos juntos?

CAPÍTULO 1

# A FORÇA DA SUA DECISÃO DEVE SER MAIOR DO QUE A FORÇA DA SUA ORIGEM

Metodologia MÁXIMA

Pilar **MENTALIDADE**

No meio de um galpão de uma antiga fábrica desativada, encontrei a matéria-prima para fabricar o meu produto. Os vestígios das obras inacabadas estavam por todo o lugar: sacos de cimento abertos, pisos e azulejos quebrados, latas de tinta, blocos de concreto, vergalhões. Não tinha iluminação, mas alguns raios de sol entravam pelas frestas do telhado de zinco. Consegui chegar a uma pilha de caixotes, onde também estavam tábuas e pedaços de madeira cobertos de poeira. Encontrei também algumas ferramentas, como serrotes e martelos, além de um monte de pregos. Dei um sorriso e pensei: pronto, aqui tem tudo o que eu preciso!

Eu estava com 10 anos de idade e queria arrumar um dinheiro. Não queria pedir para os meus pais. Tinha que dar o meu jeito, como o meu pai fazia, produzindo e vendendo todo tipo de coisa. Então, pensei: vou fazer um jogo de pregos e vou vender na escola. Esse jogo era basicamente um tabuleiro de madeira, que era o campo, e pregos, que eram os jogadores. Uma moeda era usada como bola, e cada jogador tinha direito a três petelecos na moeda por vez, para "driblar" os pregos e tentar marcar um gol. Essa era uma das maneiras de como as crianças se divertiam em 1992, antes do acesso à internet, às redes sociais, ao *streaming* e a todas as outras opções de entretenimento disponíveis hoje em dia.

Com os pedaços de madeira que encontrei no galpão, fiz o tabuleiro e cerquei o campo com ripas. Recortei embalagens de pasta de dente, que viraram as placas de publicidade, para dar um toque de profissionalismo e lembrar bem os campos de futebol. Coloquei os jogadores (pregos), e meu jogo estava pronto! Era a hora de validar o produto.

Brinquei um pouco e levei para a escola, ansioso pelo resultado que poderia ter. Assim que cheguei, carregando a minha criação com orgulho, um colega falou: *caramba, que jogo maneiro! Comprou onde?* Expliquei que eu mesmo tinha feito, e então ele disse uma frase que eu adorei ouvir: *me vende aí!* E eu pensei: opa, então vamos lá! Negociei o preço e outros colegas já chegaram dizendo que também queriam. Sucesso!

Sabendo que teria material para fazer mais jogos, aceitei as encomendas. Fui para casa eufórico, com dinheiro no bolso e muito trabalho a fazer. Voltei ao galpão e peguei o que precisava para a nova fornada.

Estava produzindo as encomendas quando meu pai chegou perto e perguntou por que eu estava fazendo aquele jogo se eu já tinha um. Provavelmente, ele ficou preocupado de terem me tomado o brinquedo. Eu disse que tinha vendido e, então, ele falou: *moleque, você não é mole! Está fazendo outro para você agora?* Respondi que, na verdade, eu tinha mais dois pedidos e estava fazendo para entregar. Meu pai vibrou: *caramba! Legal!* Eu me senti ainda melhor com a aprovação e a vibração dele. Pude ver em seus olhos o tamanho do orgulho que sentia por mim, e até hoje isso é combustível para minha rotina sempre que trago essa lembrança à memória.

Foi uma experiência incrível. Lembro da satisfação que senti quando contei o dinheiro das primeiras vendas. Cada moeda era a prova da minha capacidade de criar, produzir e vender. Mais do que dinheiro, era a validação de que eu podia transformar minhas ideias em realidade, mesmo com recursos limitados.

Eu ainda não sabia, mas naquele dia estava descobrindo que **a força da minha decisão era maior do que a força da minha origem**, e isso veio a se tornar um dos meus princípios. Eu ainda era criança, mas ali comecei a entender que a origem não define o destino. Tenho certeza de que, com paixão, persistência, fé e criatividade, podemos superar obstáculos e seguir na direção da vida que desejamos, independentemente de onde começamos.

Óbvio que algumas situações fogem ao nosso controle, mas acredito que o potencial de realização está em nossas mãos, mesmo quando fatores externos trazem dificuldades. Devemos focar no que depende de nós, pois cada passo que damos, por menor que pareça, é um avanço em direção à realização de nossos sonhos. Naquele dia, ao criar um jogo para vender, eu não apenas decidi agir; decidi me desafiar e tentar fazer algo que não sabia ser possível.

Hoje, sou o CEO de um grupo educacional, e eu não esperei o momento ideal e nem fiquei preso a qualquer limitação que pudesse ser fruto da minha origem para realizar esse sonho. Tomei uma decisão seguida de ação! Na verdade, são várias decisões a tomar durante o processo, que foi e continua sendo desafiador.

Não foi nada fácil; passei por muitos momentos em que tive que me desafiar e entender até onde minha força poderia me levar. Você terá a oportunidade de acompanhar muitos desses momentos ao longo da leitura deste livro, mas quero que você perceba que tudo começa quando você entende a sua origem (e aqui não falo da infância, mas sim de onde você está, a sua origem atual) e define onde você quer chegar. A força da sua decisão pode provocar um impacto na sua vida muito maior do que você imagina.

Agora, peço que você pare a leitura por um instante para refletir. Quero que você perceba o poder de suas escolhas, mesmo as que parecem pequenas ou insignificantes.

## ENCONTRE SUA FORÇA!

### Pausa para reflexão

Entenda que quando você não faz nada, também é uma decisão.

Quantas vezes você já se sentiu limitado por sua origem?

Quantas vezes você já desistiu ou deixou de agir porque se convenceu de que não tinha todas as condições necessárias?

Quantas oportunidades você deixou passar acreditando que precisava de um cenário ideal para se mover?

Lembre-se: a força da sua decisão é maior do que qualquer obstáculo. Comece com o que você tem e siga em frente!

**"Comece onde você está. Use o que você tem. Faça o que você pode."**

*Arthur Ashe*

**A força da sua decisão pode provocar um impacto na sua vida muito maior do que você imagina.**

## As sementes da minha origem

Dos 7 aos 25 anos, quando me casei, morei em um sítio no município de Duque de Caxias, na Baixada Fluminense, na região metropolitana do Rio de Janeiro. Apesar de ficar bem perto da cidade, bem perto mesmo, a vida no sítio tinha aquela atmosfera de área rural. Meus pais criavam galinhas e alguns patos, e tivemos até uma vaca de estimação por lá. Eu lembro que tinha uma horta com tomate, alface, couve e outras verduras que não sabia o que eram. Houve épocas em que meu pai também plantou milho e feijão. Meus amigos da escola adoravam fazer trabalho lá em casa, pois sempre rolava um futebol no campinho que tinha lá no sítio depois dos estudos.

O sítio era uma antiga fábrica desativada, e eu adorava explorar os galpões vazios que tinham no terreno, os mesmos onde encontrei o material para fazer o jogo de pregos. Quando eu não estava brincando por ali, estava acompanhando meu pai em suas empreitadas. Teve um período que ele usou esses galpões para fabricar água sanitária para vender, e eu ficava ali, acompanhando todo o processo.

Mas não parou por aí! Já fabricamos queijos artesanais também. Ainda consigo sentir o cheiro (bem melhor do que o de água sanitária). Meu pai ia buscar leite com um criador de vacas na região para produzir os queijos lá no sítio e depois vender para as padarias e outros estabelecimentos da região.

O final de ano no sítio era animado, eu ficava ansioso para chegar o período de festas. Quase todos os familiares, tanto da parte do meu pai quanto da minha mãe, passavam o Natal e o Ano-Novo por lá. A casa ficava cheia, com muita criança, muita comida e muita bagunça. A casa principal, no estilo colonial, tinha uma sala bem grande, e muita gente dormia por ali mesmo, eram umas vinte pessoas deitadas pelo chão. Meus primos mais velhos levavam barracas e acampavam no quintal, no gramado ao lado da piscina, eu achava o máximo.

As festas de fim de ano já emendavam com as férias da escola, e meus primos por parte de pai, Max e Vini, passavam as férias na casa da minha avó, que ficava no terreno do sítio. A gente passava o dia soltando pipa, jogando bola e tomando banho de piscina, isso quando não estávamos em cima das árvores comendo frutas. Enfim, a gente se divertia bastante. Eram momentos mágicos!

Mas a vida não era só diversão. Minha infância e adolescência também foram marcadas por uma educação rígida, especialmente por parte de meu pai. Era uma outra época. Lembro de uma vez que aprontei tanto que até ameacei a minha irmã Tatiane, três anos mais velha, que se ela contasse para o meu pai eu ia fugir de casa. Ela contou não só o que eu fiz, mas também a minha ameaça. Meu pai então resolveu me dar um susto. Já era noite quando ele apareceu no meu quarto com uma sacola de roupas e disse que eu ia ter que ir embora, já que disse que ia fugir de casa. Confesso que o coração acelerou! Pedi perdão e prometi me comportar, e é claro, nunca mais fiz essa ameaça.

Já na minha adolescência, meus pais não me deixavam sair para baladas e falavam o tempo todo que eu precisava focar nos estudos para ter um bom futuro. Na época, eu não entendia muito bem, mas depois percebi que tudo o que fizeram foi por amor. Meus pais se dedicaram ao máximo para me oferecer o melhor, e, com o passar dos anos, entendi o valor dessas lições. Tudo que recebi deles foi importante para moldar o meu caráter e me preparar para os desafios da vida.

Meu pai, o Sr. José Pache, ou simplesmente Mano, como é conhecido, sempre foi um exemplo de perseverança e determinação. Apesar de não ter um alto nível de escolaridade, ele sempre dava um jeito de levar dinheiro para casa: montando negócios, fabricando produtos, revendendo. Quando um negócio não dava certo, ele rapidamente buscava novas oportunidades. Ao longo da vida, o Sr. José Pache se aventurou em diversos ramos: vendeu água sanitária, bacalhau, teve um açougue, vendeu temperos, produziu queijo e, por fim, teve uma padaria; e é bem provável que eu esteja esquecendo de mais alguma coisa. Era um empreendedor nato!

Testemunhei de perto a garra do meu pai, e fui aprendendo com seus erros e acertos. Sempre que possível, eu o acompanhava nas visitas a clientes e fornecedores e ajudava nas tarefas do dia a dia. Apesar de viver em uma montanha-russa, cheia de altos e baixos, criando negócios e fechando em seguida, certamente a figura do meu pai me inspirou a desenvolver minha própria veia empreendedora. Minha primeira experiência no empreendedorismo — vendendo o joguinho de pregos — foi fruto da observação de suas atividades lá nos galpões do sítio e da sua determinação em fazer acontecer.

Solange de Souza, minha mãe, sempre foi uma guerreira. Em alguns momentos, ela chegou a arcar sozinha com as despesas da casa, equilibrando o trabalho com os afazeres domésticos. Ela trabalhou como telefonista nas Lojas Americanas por alguns anos — um emprego digno que, apesar de garantir o sustento da família, não oferecia um bom salário —, até que surgiu uma oportunidade de transformar sua vida profissional. Passando por um processo de informatização, a empresa lançou um projeto de capacitação em parceria com a IBM*

* IBM – International Business Machines Corporation – é uma das maiores empresas da área de TI no mundo.

para formar programadores. Ao final do curso, apenas trinta pessoas seriam promovidas para ocupar essas novas vagas. Essas pessoas passariam a ser funcionárias da IBM e prestariam serviços para as empresas que faziam parte desse projeto.

Eu lembro que a minha mãe se dedicou muito para conseguir essa promoção. Ela procurava compensar o fato de não ter uma faculdade e de não falar inglês com muita preparação e estudo. Cansei de ver minha mãe chegar do trabalho, preparar a janta e depois começar a estudar.

Foram meses até o dia da avaliação e processo seletivo. Resultado? A Sra. Solange conseguiu a vaga e se tornou programadora! Ela construiu uma carreira de sucesso na IBM, uma das maiores empresas de tecnologia do mundo, até a sua aposentadoria como desenvolvedora sênior. Esse episódio teve um grande impacto na minha vida, não apenas porque trouxe uma nova realidade financeira para nossa família, mas também porque, com o exemplo da minha mãe, aprendi que dedicação, disciplina e vontade de aprender podem abrir portas que antes pareciam intransponíveis.

Minha irmã, Tatiane de Souza, também foi uma figura muito importante na minha vida e teve um papel fundamental na construção do meu caráter e na pessoa que me tornei. Desde cedo, ela se destacava por ser extremamente estudiosa e dedicada, com notas sempre melhores que as minhas. Enquanto eu era mais bagunceiro e desorganizado, ela era o retrato da disciplina e da responsabilidade.

Em casa, Tatiane assumia muitas funções, especialmente quando meus pais estavam fora. Ela arrumava a casa, resolvia as pendências do dia a dia e, muitas vezes, ainda tinha que resolver os meus "B.Os", me ajudando a sair das enrascadas que eu me metia. Ela sempre foi, para mim, uma referência de como fazer as coisas do jeito certo, seguir as regras e manter tudo em ordem — enquanto eu, por outro lado, vivia testando os limites e questionando tudo.

Mas foi exatamente assim que a minha irmã me ensinou, pelo exemplo, o valor da organização, da maturidade e da constância. Enquanto eu ainda estava tentando entender o meu caminho, ela já tocava a "operação" da casa com firmeza e responsabilidade. Assim como meu pai me inspirou com seu espírito empreendedor e minha mãe com sua determinação e organização, minha irmã me influenciou profundamente com sua dedicação e seu senso de responsabilidade. Ela sempre foi minha âncora de bom senso e, sem dúvida, sua presença me moldou tanto quanto a dos meus pais.

Claro, minha família não era perfeita, mas eu escolhi modelar os melhores valores de cada um deles: a importância da família, o espírito empreendedor, a ética, a perseverança, a determinação, a paixão pelo conhecimento e o cuidado que um tinha pelo outro. Quando consegui trazer isso para a minha consciência, escolhi como me sentir e como agir a partir das minhas experiências da infância e adolescência. Em vez de responsabilizar meus pais, minha família ou a minha origem pelas dificuldades que enfrentei, reconheci que eles foram pilares fundamentais na construção do homem que sou hoje.

E você? Tem consciência das suas escolhas? Você culpa seus pais ou sua origem pelos seus resultados? Convido você a refletir sobre isso.

## ENCONTRE SUA FORÇA!

### Pausa para reflexão

Quais lembranças da sua infância mais marcaram você e como elas influenciam quem você é hoje?

Que lições valiosas você pode extrair das histórias dos seus pais?

Você se enxerga repetindo algum padrão de comportamento do seu pai e/ou da sua mãe? Esse comportamento te aproxima ou te afasta dos seus objetivos?

Quais foram as boas sementes que seus pais plantaram e germinaram em você? Ética, respeito, disciplina, coragem... pense sobre isso.

## As raízes dos problemas financeiros

Financeiramente, a gente vivia sem apertos, principalmente depois que minha mãe foi promovida. Mas não tinha luxo, não viajávamos nas férias, pelo contrário, eu ajudava meu pai com alguma coisa ou trabalhava na padaria (a partir dos 14 anos). Eventualmente, passávamos por momentos mais difíceis.

Antes de ficar desempregado, meu pai trabalhava como supervisor regional de vendas da fábrica de chocolates Lacta. Apesar de muito novo, lembro bem que a Páscoa era uma festividade só. Era muito chocolate! Eu era muito pequeno para entender de condições financeiras, mas uma história sobre dinheiro ficou gravada na minha memória e no meu coração.

Eu e a minha irmã estudávamos na mesma escola, uma escola particular do bairro. Certa vez, a diretora enviou um comunicado dizendo que estavam sem água nos bebedouros, pedindo que os alunos levassem uma garrafa de água de casa. Na época, eu devia ter uns 8 ou 9 anos. Era verão e estava muito calor, então, eu e a Tatiane sempre colocávamos nossas garrafas no congelador na noite anterior, para podermos beber água gelada durante a manhã na escola. Mas, um belo dia, esquecemos de colocar as garrafas para congelar. Nós teríamos que beber água quente. Percebi que meu pai ficou muito triste com isso, e ele disse que iria dar um jeito de arranjar dinheiro para comprarmos refrigerante.

Nesse período, meu pai ainda não tinha começado a empreender e estava desempregado. Não tinha dinheiro em casa. Ele começou a abrir potes e contar moedas. Olhei para a minha irmã e naquele olhar entendemos como o nosso pai estava querendo cuidar da gente. Até que ele juntou dois montes de moedas, entregou um monte para cada um e disse para comprarmos um guaraná quando estivéssemos com sede. Saímos para a escola e choramos juntos, vimos como ele queria nos dar o melhor, mesmo sem ter condições naquele momento. Encontrei a Tatiane no intervalo e disse que estava com sede, mas não conseguia gastar o dinheiro. Ela me disse que também não conseguiu e me perguntou se eu tinha sentido compaixão do nosso pai. Eu baixei a cabeça e respondi que sim.

Estou escrevendo este trecho emocionado. Toda vez que lembro dessa história eu vou às lágrimas. Embora esse episódio mostre o amor e o cuidado do meu pai com a gente, juntando tudo o que tinha para que não ficássemos com sede, eu cresci determinado a garantir que a minha futura família — minha esposa e meus filhos — não enfrentasse as mesmas dificuldades que eu enfrentei.

Meu pai diz que eu sempre tinha dinheiro quando era mais novo, e é verdade. Eu lembro que guardava o dinheiro que minha mãe me dava para merenda e, quando adolescente, algumas vezes descolava uma carona para ir ou voltar da escola para economizar na passagem. Provavelmente, esse comportamento era consequência de situações de dificuldade financeira que vivi na infância. Ficar preocupado em guardar dinheiro, com medo que ele acabe, está longe de ser um comportamento de abundância; na verdade, isso reflete uma mentalidade de escassez.

No livro "Os Segredos da Mente Milionária", T. Harv Eker nos ensina que todos temos um "modelo de dinheiro" em nosso subconsciente, que determina o nosso sucesso financeiro. Segundo o autor, esse modelo é moldado pela programação que recebemos no passado, especialmente durante a infância, e essa programação é estabelecida com base em tudo o que vimos e ouvimos quando criança, além das experiências que vivenciamos. Frases como *"dinheiro não dá em árvore", "isso não é para o seu bico" e "não temos dinheiro para isso"* podem se instalar em nosso subconsciente, afetando diretamente nossa vida financeira. Da mesma forma, experiências de escassez, como as que eu vivenciei, podem se enraizar em nosso comportamento.

Hoje, entendo que o verdadeiro sucesso financeiro vai muito além do dinheiro. É sobre se libertar das amarras emocionais e mentais que nos prendem a uma narrativa de escassez. Percebi que precisava mudar minha própria história para poder mudar a história da minha família. E essa mudança começa com a conscientização: é preciso identificar nossas crenças limitantes e reescrever a história que contamos a nós mesmos.

Novamente, **tomei uma decisão que seria mais forte do que a minha origem** e ressignifiquei minhas crenças. Não foi fácil, mas foi fundamental para quebrar um ciclo e oferecer aos meus filhos um futuro mais promissor, onde eles possam crescer com uma mentalidade de abundância e oportunidades, livres de limitações.

## O ensaio para a vida adulta

Quando eu estava com 13 anos, meu pai comprou uma padaria e decidiu focar nesse negócio, deixando de lado as outras atividades. Não demorou muito para que ele abrisse mais uma unidade, passando a ter duas lojas. Quando chegavam as férias escolares, em vez de viajarmos, minha irmã e eu tínhamos que trabalhar na padaria, cada um em uma loja. Nesse período, as coisas estavam melhores lá em casa, financeiramente falando, já que o meu pai tinha as duas padarias e a minha mãe já havia se estabelecido como programadora.

Então, aos 14 anos, fui estudar em uma escola melhor no Centro de Duque de Caxias para cursar a oitava série, hoje conhecida como nono ano do Ensino Fundamental. Meu pai, que sempre usou a "psicologia reversa" comigo, disse que eu passaria vergonha lá e que ficaria reprovado, já que eu era bagunceiro e a escola não era uma escolinha de bairro, mas sim um colégio forte. Essas palavras me motivaram a me dedicar ainda mais aos estudos e, no final do ano, consegui ficar entre os primeiros colocados da minha série.

Comecei o Ensino Médio e descobri que tinha muita facilidade em Matemática, Física e Química. Meus amigos exageravam e diziam que eu era um gênio. Estava bem ambientado, dava aulas particulares

**Percebi que precisava mudar minha própria história para poder mudar a história da minha família. E essa mudança começa com a conscientização: é preciso identificar nossas crenças limitantes e reescrever a história que contamos a nós mesmos.**

para alguns colegas e jogava no time de futebol da escola. Lembro que meus colegas diziam que era quase impossível alguém ser bom de bola e inteligente ao mesmo tempo. Isso me rendeu uma certa popularidade.

No segundo ano, a ansiedade pelo vestibular começou a crescer. Minha irmã já estava estudando em uma faculdade particular, e eu estava fazendo os meus planos. Até que um dia meu pai me chama para uma conversa. Ele me disse que eu teria que esperar minha irmã terminar seus estudos, porque ele simplesmente não conseguiria pagar a mensalidade para nós dois. Se eu não quisesse esperar, que eu tentasse uma universidade pública.

Confesso que fiquei um pouco chateado no início, senti como se meus sonhos não importassem. Mas transformei isso em combustível! **Eu nunca fui de focar no problema, e sim na solução!** Decidi que não iria esperar. Não queria terminar o Ensino Médio e ir trabalhar.

A escola onde eu estava estudando era boa, mas não preparava para o vestibular. Eu precisava de uma escola preparatória que tivesse foco em aprovação para as universidades públicas. Quero abrir um parêntese aqui para falar que, na verdade, a melhor coisa que me aconteceu nessa escola foi conhecer a Vivian, o amor da minha vida! A pessoa que me motiva a sempre me desafiar e a descobrir até onde vai a minha força. Começamos a namorar no dia 12 de março de 1999 e estamos juntos até hoje. Nossos filhos, Emanuel e Gabriel, chegaram para completar nossa história, fortalecer ainda mais nossos laços e encher nossas vidas de alegria. A família é um dos principais pilares da minha vida e dos meus negócios; é a base de tudo.

Bem perto de onde eu estudava tinha uma unidade do Colégio GPI, que todo mundo falava que aprovava muita gente nos vestibulares.

Era um colégio que já tinha um nome, e eu achava que seria muito caro. Fiquei sabendo que eles aplicavam uma prova para que os alunos pudessem concorrer a bolsas de estudos, o famoso bolsão, com descontos na mensalidade que variavam conforme a nota obtida. Eu estava determinado a ser aprovado em uma universidade pública, e estudar nesse colégio seria o primeiro passo. Então, comecei a me preparar e estudar muito. Chegou o dia da prova do bolsão, e eu fui muito bem. Com a nota que tirei, o valor da mensalidade ficaria mais baixo do que no colégio onde eu estudava.

Cheguei em casa e disse à minha mãe que queria mudar de escola, e que ela pagaria uma mensalidade menor para que eu estudasse em tempo integral em um colégio que me ajudaria a passar no vestibular. Minha mãe ficou feliz, concordou e eu fiz o terceiro ano do Ensino Médio preparatório no GPI. Eu estava muito focado em alcançar o meu objetivo. Ficava o dia inteiro na escola e estudava em casa nos finais de semana. Foi um período de muita dedicação, mas também de muita expectativa.

Chegou a hora da verdade! Minha vontade era cursar Engenharia, especialmente porque descobri que gostava de Matemática e Ciências Exatas e, naquela época, ano 2000, as áreas de Engenharia Elétrica e de Telecomunicações eram muito promissoras, todos diziam que era o futuro.

Terminei o Ensino Médio e apliquei para o vestibular em algumas universidades — naquela época não tinha o Enem, você fazia uma prova para cada universidade que quisesse ingressar. O resultado não poderia ser melhor! Fui aprovado em Engenharia de Telecomunicações na UFF — Universidade Federal Fluminense e para Engenharia Elétrica com Ênfase em Telecomunicações na UERJ

— Universidade do Estado do Rio de Janeiro. Fiquei radiante! Mais uma vez, comprovei que, com esforço e dedicação, eu era capaz de alcançar meus objetivos.

Apesar de não ter plena consciência disso na época, hoje eu vejo claramente que uma das minhas principais características nesse ensaio para a vida adulta era a autorresponsabilidade. Em vez de ficar me lamentando pelas dificuldades financeiras ou pela falta de apoio, escolhi focar em soluções. Eu poderia ter me conformado com a situação e esperar para fazer uma faculdade particular, ou, quem sabe, nem fazer. Mas a vontade de construir um futuro melhor me motivou a agir. Vejo que muita gente trava aí! Talvez seja mais confortável se fazer de vítima, colocar a culpa nos pais, na escola, no sistema. Muitas vezes é inconsciente, mas acontece.

Eu sei que nossas condições, nosso ambiente, nos afetam e às vezes até nos moldam, não duvido disso. Sei que tem gente que realmente não tem condições de quebrar o ciclo. Mas acredito que chega um momento em que a decisão é nossa. Não cabem mais desculpas. Temos que decidir se ficamos presos às nossas origens ou seguimos para outro caminho. Precisamos entender que nossas circunstâncias são resultado de nossas escolhas e ações.

Se você precisa tomar uma decisão sobre uma mudança de rota, o primeiro passo é estar consciente. Entenda a sua origem, aceite, agradeça e assuma o comando a partir de agora. Se eu quero chegar a algum lugar, eu preciso saber onde estou e o que me falta para chegar lá, no que eu preciso melhorar, o que eu preciso saber, e, principalmente, o que eu preciso fazer. É importante que você saiba que é preciso viver o processo, não adianta apenas ficar pensando no objetivo final.

Vou repetir a frase a seguir algumas vezes neste livro, pois é uma mensagem importante. É sobre realização, sobre saber até onde vai a sua força.

***É uma ilusão acreditar que você pode realizar algo grandioso sem fazer mais do que as outras pessoas estão fazendo.***

Voltando à história do vestibular, eu teria que escolher entre a UFF, em Niterói, um outro município do Rio de Janeiro, e a UERJ, que fica no bairro do Maracanã, na zona norte da capital. Optei pela UERJ para cursar Engenharia Elétrica com Ênfase em Telecomunicações. Era também uma alternativa mais prática e econômica, eu precisaria apenas pegar o trem para ir e voltar da faculdade.

Comecei a estudar em agosto de 2001, e um pouco antes de ingressar na universidade recebi um convite para ser monitor e professor substituto no Colégio GPI. Eles tinham um modelo de contratar universitários para essas funções. Era uma oportunidade de ensinar, algo que eu gostava e que antes fazia de graça, e ainda ter uma pequena renda. Topei o desafio e me apaixonei pela experiência de dar aulas e ajudar no desenvolvimento dos alunos.

Estava tudo indo bem! Eu era professor substituto no GPI e ficava lá em *stand-by* caso algum professor faltasse. Tinha minha remuneração fixa e recebia uma variável quando dava aulas. Após dois anos na universidade, fui aprovado em um estágio no BNDES com um ótimo salário para um jovem de 20 e poucos anos. A logística para ir para a faculdade, depois para o estágio e finalizar com as aulas à noite no GPI estava ficando complicada e cansativa, então meus pais me ajudaram comprando um carro para facilitar o meu deslocamento.

Concluí a faculdade, me tornei engenheiro elétrico e logo após minha formatura tive que tomar uma decisão que determinaria todo o rumo da minha vida, do meu futuro.

Costumo sentir quando grandes coisas estão para acontecer na minha vida. Algumas pessoas chamam de intuição, outras de sexto sentido. Eu prefiro acreditar que Deus está me dizendo: *prepare-se!*

No próximo capítulo a gente fala sobre isso!

# COLOQUE FORÇA MÁXIMA AQUI

Sempre há um ponto de partida, independentemente de onde você se encontra hoje. Foi assim comigo, em vários momentos da minha trajetória me vi em um lugar onde não queria mais estar. Seja você um aspirante a empreendedor, alguém querendo progredir na carreira ou um empresário experiente, se você quer chegar a algum lugar, você precisa considerar a sua origem atual. Muitas vezes ficamos presos em uma situação indesejada e colocamos a culpa em tudo o que não podemos controlar. É importante ter consciência de onde você está e se questionar:

## Por que você está nesse lugar? Será que é consequência dos seus comportamentos?

Da mesma forma, é fundamental saber onde você quer chegar. Infelizmente, a maioria das pessoas não sabem exatamente o que querem, e estão à deriva na vida. Defina o seu objetivo de forma específica, só assim você vai conseguir traçar um plano para alcançá-lo. Por exemplo, muitos empresários têm como objetivo aumentar o faturamento ou vender mais, mas não são específicos quanto a isso. Se é o seu caso, defina exatamente qual o valor que você quer faturar e por que você precisa disso.

O próximo passo é decidir e agir. É nesse ponto que **a força da sua decisão deve ser maior do que a força da sua origem**. Depois de ter suas metas definidas, descubra o que falta para você sair de onde você se encontra para chegar onde você quer, e preencha essa lacuna. Tenha autorresponsabilidade e identifique o que depende de você.

**O que você pode fazer para sair desse lugar? O que está ao seu alcance?**

**O que falta para você avançar? Faltam recursos, habilidades, ferramentas?**

A vida é feita de escolhas, e cada decisão que tomamos molda o nosso futuro. Quando meu pai me disse que eu teria que esperar para fazer uma faculdade ou teria que passar em uma universidade pública, ele me mostrou duas opções. Eu poderia simplesmente não fazer nada, uma terceira opção, e provavelmente este livro não existiria. É importante dizer que não basta tomar uma decisão, você deve se comprometer com a sua escolha. Eu decidi cursar uma universidade pública, então me comprometi com minha decisão e tomei as atitudes necessárias para alcançar o meu objetivo.

**Não subestime seu poder de decisão, muito menos seu poder de realização**. Com 10 anos de idade, transformei um pedaço de madeira e alguns pregos em dinheiro. Mais tarde, já adulto, transformei o meu conhecimento, aliado ao meu propósito, em uma rede de escolas que ajuda várias crianças e jovens a se tornarem confiantes e capacitados na busca de seus objetivos. Essa jornada me ensinou que é possível superar muitos obstáculos, desde que tenhamos foco, determinação e uma mentalidade positiva. A vida é um constante aprendizado, e cada experiência, por mais desafiadora que seja, contribui para o nosso crescimento pessoal e profissional.

Quero propor um exercício para te ajudar a entender onde você está e onde quer chegar. Você topa?

1. Reflita sobre sua origem atual. De qual lugar você quer sair agora? Exemplo: sair das dívidas, de um emprego, de uma baixa performance no negócio...

2. Pense sobre quais são os motivos que te fazem estar nesse lugar. São circunstâncias que não dependem de você ou são consequência das suas atitudes e comportamentos?

3. Onde você quer chegar? Lembre-se de definir o seu objetivo de forma específica.

4. O que falta para você chegar nesse lugar? Recursos, conhecimento, habilidades e competências, ferramentas? Exemplo: quero abrir um negócio, mas me falta o capital inicial e conhecimento sobre gestão.

5. O que você precisa deixar de fazer para chegar lá? (Sim, isso é importante. Por exemplo, para emagrecer você precisa deixar de comer doces e comidas gordurosas)

6. O que você precisa fazer? Quais atitudes você tem que tomar? Aqui entra a AÇÃO!

**Qual é o seu próximo passo?**

**O que você está esperando para começar a construir a vida que sempre desejou?**

**Lembre-se:**

**A força da sua decisão é maior do que qualquer obstáculo.**

**Comece agora mesmo!**

ATLETA
UPLIFE
COLÉGIO
FORÇA
MÁXIMA

CAPÍTULO 2

# A FORÇA DE UM PROPÓSITO

Metodologia MÁXIMA

Pilar **ATITUDE**

Como eu disse anteriormente, costumo sentir quando grandes coisas estão para acontecer na minha vida. Algumas pessoas chamam de intuição, outras de sexto sentido. Eu prefiro acreditar que Deus está me dizendo: *prepare-se!* Então, eu procuro deixar a minha percepção mais apurada para captar os sinais que a vida me dá.

Imagine um jovem de 24 anos, recém-formado em Engenharia Elétrica pela UERJ, noivo e cheio de sonhos, com planos de se casar naquele mesmo ano. Logo após a formatura, esse jovem se depara com um dilema que poderia mudar o rumo da sua vida: duas propostas de emprego que o levariam a caminhos totalmente opostos. A primeira era uma oportunidade de atuar como gerente *trainee* em uma multinacional, um cargo de supervisão para a América Latina, com um ótimo salário e a perspectiva de viajar pelo Brasil e até para o exterior. A outra proposta era para trabalhar como professor de Matemática em uma escola particular, uma chance de compartilhar conhecimento e inspirar jovens que estavam em uma fase que eu tinha vivido há pouco tempo, e sabia bem como era.

Essa era a minha situação em 2007, logo após a conclusão da minha faculdade. Pode não parecer, mas, para mim, essa decisão não era simples. Era uma escolha entre seguir por um caminho de conquistas profissionais rápidas e irresistíveis — conquistando a admiração dos meus pais, familiares e amigos — ou dedicar minha vida a algo que, na minha visão, representava um propósito maior.

Flávio Augusto, um grande empresário brasileiro, fundador da escola de idiomas Wise Up e ex-proprietário do time de futebol Orlando City, escreveu um livro chamado "Ponto de Inflexão" (Buzz Editora, 2018). Nesse livro, Flávio compartilha a ideia de que em muitos momentos de nossa vida, nos deparamos com situações que exigem escolhas que podem mudar o nosso destino. Esses momentos, que ele denomina Pontos de Inflexão, têm o poder de reescrever o roteiro de nossa história, nos levando a caminhos completamente diferentes, dependendo do lado que escolhemos seguir.

Na obra, Flávio enfatiza que muitas de nossas decisões são cotidianas. Estamos tão envolvidos em nossas rotinas que fazemos muitas escolhas no "piloto automático". No entanto, existem aqueles momentos que podem ser definitivos, exigindo nossa atenção e reflexão. Se não conseguimos identificar esses pontos de inflexão e não fazemos escolhas conscientes, corremos o risco de deixar escapar oportunidades valiosas que poderiam transformar radicalmente a nossa realidade.

E ali estava eu, diante de um verdadeiro ponto de inflexão. Prestes a me casar e assumir uma responsabilidade significativa, eu sabia que a minha escolha teria impacto não somente em minha vida, mas também na da Vivian, minha futura esposa.

As perspectivas para o trabalho como *trainee* eram empolgantes, não apenas pela questão financeira, mas também pelo *status* social que a posição de executivo oferecia. Minha experiência como estagiário no BNDES deixou claro para mim a dinâmica e as oportunidades que uma grande empresa poderia oferecer, o que tornava essa decisão ainda mais complexa.

Por outro lado, desde muito cedo, decidi que seguiria alguns princípios e valores em minha vida. Até hoje, quando não estou me sentindo bem com uma decisão ou com alguma situação, procuro analisar se estou quebrando algum desses princípios e valores, que são inegociáveis. Se eu aceitasse o cargo de executivo, eu teria que passar muito tempo viajando e ficar longe de casa, e eu não poderia negligenciar um valor tão importante para mim, que é a família.

Além disso, aquele sentimento que eu tive de que algo grande iria acontecer em minha vida não parecia estar conectado com essa oportunidade. Eu sentia que queria empreender. Não tinha certeza se seria na área da engenharia ou da educação. Mas eu sentia que deveria tentar um negócio próprio.

Conversei com a Vivian, meu porto seguro, a quem eu até hoje recorro em momentos de dúvidas e tomada de decisões importantes, e ela me disse: "Você tem que escolher o que vai te deixar feliz. Eu vou te apoiar, seja qual for a sua escolha". Eu me senti ainda mais seguro, e mesmo que o cargo de professor não oferecesse o dinheiro e o *glamour* que uma carreira em Engenharia prometia, eu escolhi esse caminho. Eu sabia que era uma escolha contraintuitiva, mas sentia que algo grande estava para acontecer. Falei para mim mesmo: *vai chegar o momento em que vou encontrar a oportunidade, e estarei pronto!*

Quando eu disse que não aceitaria o cargo de executivo, a profissional de RH da empresa perguntou se eu tinha entendido qual era a proposta, o cargo e o salário. Meus amigos não entenderam e acharam que eu estava louco, e senti que meu pai ficou um pouco decepcionado. Afinal, ele ficou muito feliz quando fui contratado para o estágio no BNDES, e me ver trabalhando em uma multinacional em um cargo de executivo certamente o deixaria muito orgulhoso. Mas eles não estavam vendo o que eu via, nem mesmo sentindo o que eu sentia. Essa era uma decisão pessoal, e eu decidi seguir com a minha escolha.

***"Todo Ponto de Inflexão exigirá uma decisão corajosa, pois frequentemente acontecerá em meio a dúvidas, conflitos e a uma grande expectativa de melhora de vida que poderá ou não acontecer."***

*Flávio Augusto da Silva*

# ENCONTRE SUA FORÇA!

### Pausa para reflexão

Muita gente vive no "piloto automático", seguindo um fluxo natural nas escolhas da vida. Um fluxo que parece lógico, mas não é.

Você já tomou uma decisão sem perceber bem o que estava fazendo?

Quantas vezes você fez uma escolha não por convicção, mas por medo, conveniência ou até mesmo para agradar uma outra pessoa?

Traga para a sua consciência decisões que você precisa tomar e quais são as possibilidades que essa escolha oferece.

## Será que fiz a escolha certa?

A verdade era que meus olhos sempre brilhavam mais ao dar aulas do que em qualquer função que exercesse como engenheiro. Então, em fevereiro de 2007, eu começava a minha jornada como professor. Cheguei na escola para o primeiro dia de trabalho muito entusiasmado. Mas, logo após o primeiro intervalo na sala dos professores, liguei para a Vivian e falei: "Estou feliz em ser professor, mas este lugar não é para mim. Estou me sentindo um peixe fora d'água!". Ela me disse para eu não me preocupar, era apenas o primeiro dia e eu iria me adaptar.

Enquanto conversávamos, eu não conseguia parar de pensar no que me preocupava: "Vivian, tem professores aqui que já estão na carreira há muito tempo. São profissionais respeitados, mas não é bem isso que eu quero para minha vida. Entendo que essa fase é importante e estou grato por ela, mas preciso saber se há algo diferente para mim". Naquele momento, olhando trinta anos à frente, não era a minha visão de futuro ainda atuar como professor. Essa foi a minha percepção no meu primeiro dia de aula, o primeiro dia de trabalho após ter tomado uma decisão que moldaria completamente o rumo da minha vida. Mas, mesmo assim, eu tinha certeza de que Deus estava preparando coisas incríveis para mim.

Tem uma passagem bíblica que diz: "Tudo o que você tiver de fazer, faça o melhor que puder" (Eclesiastes 9:10). Essa frase possui um profundo significado para mim e para minha família. Eu e Vivian repetimos isso para nossos filhos como um mantra, o que nos lembra constantemente de que tudo que nos propusermos a fazer deve ser realizado da melhor forma possível. Independentemente de suas crenças, pense por um instante no poder dessa frase. Dar o nosso melhor em tudo que fazemos é uma atitude que nos impulsiona. Quando nos entregamos de coração a um projeto, a uma tarefa ou a uma causa, não só conseguimos resultados mais gratificantes, mas também desenvolvemos um sentido de propósito, e isso traz um sentimento de realização.

Com essa mentalidade, mergulhei de cabeça na docência e, a partir daí, comecei a me destacar e ser reconhecido como um dos melhores professores da escola. Fui promovido a coordenador, assumindo a responsabilidade pelas turmas preparatórias para concursos. Acompanhava meus alunos até a entrada dos locais de prova e fazia palestras motivacionais momentos antes da abertura dos portões. Eu sempre coloco muita energia em tudo o que faço. De verdade! A energia que eu colocava nesse trabalho era intensa, e isso se tornou a minha "marca registrada". Eu acreditava que, em qualquer circunstância, precisava dar o meu melhor para apoiar os meus alunos.

Eu disse que repetiria algumas vezes uma frase neste livro. É uma frase sobre realização, sobre saber até onde vai a sua força. E ela cabe muito bem nesse período da minha vida que estou compartilhando com você agora.

***É uma ilusão acreditar que você pode realizar algo grandioso sem fazer mais do que as outras pessoas estão fazendo.***

## ENCONTRE SUA FORÇA!

### Pausa para reflexão

A falta de empenho e dedicação para realizar sonhos e projetos para alcançar uma vida mais gratificante pode levar a uma sensação constante de insatisfação, frustração e arrependimento.

O quanto você está comprometido com os seus sonhos e projetos de vida? Quanta energia você está colocando nisso?

Quais ações você pode tomar hoje para se comprometer ainda mais com seus objetivos e aspirações?

Em que áreas da sua vida você precisa colocar mais intensidade para chegar mais perto de onde você quer chegar?

Como a mentalidade de buscar a excelência, de dar sempre o seu melhor, pode transformar a maneira como você percebe desafios e oportunidades?

## Algo importante está para acontecer

Com o passar do tempo, comecei a sentir os efeitos da rotina desgastante que eu estava enfrentando. Para ter um bom salário, eu começava a dar aulas às sete da manhã e ia até às dez da noite. Isso teve um preço. Minha voz começou a falhar e no final do dia eu ficava rouco. Sentia muitas dores no ombro, de tanto escrever no quadro. Eu estava novo e sentindo esses impactos na minha saúde, e isso começou a me incomodar. E aí eu comecei a ter aquela sensação de que algo estava prestes a acontecer, e ficava pensando: *vai acontecer alguma coisa diferente, vai acontecer algo importante.* Essa sensação de que algo estava mudando não saía da minha mente, mas eu não sabia exatamente o que esperar.

Foi em uma das reuniões com os diretores da escola, em 2008, que surgiu uma ótima oportunidade: eles estavam abertos a apoiar os professores que desejassem abrir uma escola licenciada, utilizando a marca deles. Naquele momento, parecia que algumas peças do quebra-cabeça da minha vida profissional estavam se encaixando. Lembrei do meu primeiro dia como professor, quando fiquei preocupado com o futuro que se apresentava diante de mim. Agora, no entanto, eu tinha uma nova perspectiva, uma chance de unir minha paixão pela educação com a realização de um sonho que, até então, parecia distante: o sonho de empreender!

Era como se um novo caminho estivesse se abrindo diante de mim, e eu não podia deixar essa oportunidade passar. Era mais um ponto de inflexão! A ideia de transformar minha paixão e viver o meu propósito em algo maior e mais significativo me fascinava. Eu estava pronto para agarrar essa chance com todas as minhas forças. Estava disposto a dar o meu melhor para fazer aquilo dar certo. Aquela reunião não apenas me deixou muito motivado, mas também me fez perceber que o futuro poderia ser muito melhor do que eu havia imaginado. Você já pensou em como uma única oportunidade pode mudar toda a sua trajetória?

Vou abrir um parêntese aqui e voltar um pouco no tempo para compartilhar duas experiências empreendedoras que tive a oportunidade de vivenciar antes de chegar a esse momento, quando surgiu a oportunidade de abrir uma unidade licenciada da escola.

O ano era 2002, eu ainda estava na universidade e atuava como professor substituto no Colégio GPI. Minha rotina era bem agitada, com faculdade, estágio e aulas à noite, então não me sobrava tempo para outras atividades. Porém, naquele ano, os professores e funcionários da UERJ entraram em greve por um período prolongado. Foi então, em uma conversa com um amigo, que minha primeira experiência empreendedora começou a tomar forma. Durante nosso bate-papo, percebemos uma demanda: muitos alunos de escolas públicas eram bem inteligentes e talentosos, mas não tinham as condições necessárias para se prepararem adequadamente para os vestibulares e ingressarem em uma universidade pública.

Enxergamos a oportunidade de criar um curso pré-vestibular comunitário, voltado exclusivamente a alunos de escolas públicas. A ideia era oferecer aulas somente aos sábados, cobrando um valor bem acessível. Conversei com alguns professores para saber se estariam dispostos a dar aulas aos sábados para esses alunos, oferecendo uma remuneração por hora-aula um pouco abaixo do mercado. Alguns aceitaram, e, com o time de professores formado, parti em busca de um lugar para abrigar o curso e consegui alugar uma sala que pertencia ao Senac.

Produzimos panfletos e fomos até as escolas públicas da região para divulgar nossa iniciativa aos alunos. O resultado foi incrível! Conseguimos mais de duzentos alunos matriculados, e a quantidade de gente foi tanta que eu tive que alugar mais duas salas para acomodar todo mundo. Foi uma verdadeira aventura! E essa aventura durou apenas oito meses. Era tudo informal, sem controle financeiro e nenhuma organização. Além disso, tivemos outras questões que nos fizeram repensar o projeto. Os proprietários do colégio onde trabalhávamos não gostaram muito da ideia de ter os seus professores envolvidos nessa iniciativa, então decidimos encerrar o curso. Apesar de tudo, foi uma experiência e tanto, cheia de aprendizados e desafios.

Mais tarde, em março de 2006, uma carona inesperada deu origem à minha segunda aventura empreendedora, e essa história tem um outro personagem. O Pierre, que era um dos melhores professores de Física do Rio de Janeiro, havia sido meu professor no terceiro ano do Ensino Médio e agora era meu colega de profissão — ele um professor já experiente, e eu ainda como professor substituto.

Certa vez, o carro do Pierre, um belo Passat importado, teve um problema e precisou ficar na oficina por um bom tempo. Ele então começou a organizar caronas com os professores para se deslocar entre as unidades da escola onde dávamos aulas. Foi então que, em uma dessas ocasiões, ofereci uma carona a ele no meu Fiat Uno, o meu primeiro carro. Conversando durante o trajeto, Pierre me contou que estava com vontade de abrir um curso preparatório e me perguntou como estava o PHD, que era o nome do curso pré-vestibular comunitário que eu tinha aberto com outro amigo. Expliquei a ele o que havia acontecido e sugeri que ele conversasse com os proprietários da escola onde trabalhávamos.

No final das contas, eu e o Pierre assumimos o curso de pré-vestibular que a escola oferecia no período noturno. Aproveitamos toda a infraestrutura do colégio, não apenas o espaço físico, mas também o sistema de matrículas e o controle de pagamentos. A escola ficava responsável por receber as mensalidades e repassá-las para nós. O curso tinha poucos alunos, quinze, para ser mais exato.

Nossa primeira medida foi reduzir a mensalidade, cobrando um valor mais acessível. Além disso, começamos a divulgar o curso em nossas aulas durante o dia, principalmente para os alunos do terceiro ano, que já estavam se preparando para o vestibular. Lembro-me de falar: "Quer ser aprovado no vestibular? Hoje à noite tem a melhor aula da sua vida!". Conseguimos dobrar o número de alunos e tocamos esse projeto por três anos.

Agora eu volto ao ano de 2008, quando surgiu a oportunidade de ter uma unidade licenciada da escola onde eu trabalhava. Eu e o Pierre, que já tinha sido meu parceiro no curso pré-vestibular, começamos a conversar sobre como isso poderia ser possível. Um outro amigo, o professor Rafael Roquette, também se juntou a nós, e decidimos investir em uma unidade licenciada. Foi ali que eu realmente senti que estava começando a transformar meu sonho de empreender em realidade!

## O início da minha jornada empreendedora

O ano de 2008 foi marcante na minha vida por vários motivos. Após me casar em 22 de dezembro de 2007, comecei o ano ao lado da mulher da minha vida, Vivian. Ainda estávamos nos ajustando à rotina a dois, e eu já estava a um passo de ter meu próprio negócio. A felicidade transbordava em mim!

Antes de decidir investir na unidade licenciada, conversei muito com a Vivian. Claro, ficamos um pouco preocupados, afinal, éramos recém-casados e não tínhamos dinheiro para um investimento tão grande. Mas, acima de tudo, estávamos empolgados!

Quem olhava de fora provavelmente me achava imprudente ou irresponsável, mas eu tinha uma confiança inabalável de que tudo daria certo. Sabe quando você não tem muita ideia de como vai fazer uma

**Você já pensou em como uma única oportunidade pode mudar toda a sua trajetória?**

coisa, mas sente que vai conseguir? Esse era o nosso sentimento. Sabíamos que estávamos entrando em algo especial, e essa certeza nos dava força para enfrentar os desafios juntos, com determinação, apoio mútuo e muito amor.

Começamos a planejar a abertura da escola. Eu, como professor de Matemática, fiz algumas contas e cheguei à conclusão de que precisaríamos de cinquenta mil reais para abrir a unidade, considerando todos os custos. O Pierre, professor de Física, teve uma análise parecida com a minha e estimou um investimento entre cinquenta e cinco e sessenta mil reais. Já o Roquette, que não era de Exatas, e sim professor de Biologia, discordou completamente das nossas projeções e afirmou que não gastaríamos menos de duzentos mil reais.

Eu e o Pierre olhamos para o Roquette e dissemos que isso era um exagero; se o valor fosse mesmo duzentos mil, nem conseguiríamos dar o primeiro passo. Ele foi voto vencido e seguimos em frente com o planejamento.

O Pierre era o professor mais estabelecido entre nós, e o que tinha o melhor salário. Combinamos que ele faria aportes mensais de quatro mil reais até que a escola começasse a gerar receita. O Roquette conseguiu um empréstimo de quinze mil reais com a mãe dele, enquanto minha mãe me ajudou emprestando trinta mil. Assim, somando os aportes mensais do Pierre, o total arrecadado seria mais do que suficiente para realizarmos nosso sonho e abrir a unidade, conforme as projeções que eu e o Pierre fizemos.

**Eu sempre digo que Deus, às vezes, não revela todos os detalhes do nosso caminho. Isso acontece porque, se soubéssemos tudo o que precisaríamos enfrentar, talvez não tivéssemos coragem para seguir em frente.**

Você já deve ter imaginado o que aconteceu, não é?

Então... em apenas três meses o dinheiro que arrecadamos acabou, e ainda não tínhamos feito nem a metade do que precisávamos fazer. Somente os aportes mensais do Pierre não seriam suficientes para cobrir todas as etapas que ainda faltavam para concluir o projeto. Começamos a ficar desesperados, achando que o Roquette poderia estar certo — e ele estava!

Aproveito para deixar aqui uma lição importante. Assim como dizem que a paixão cega, ou seja, quando alguém está apaixonado acaba não percebendo os problemas ou defeitos em seu parceiro, a mesma coisa pode acontecer nos negócios. Estávamos tão entusiasmados com a ideia de ter a nossa própria escola, o nosso próprio empreendimento, que preferimos ignorar os desafios que estavam bem diante de nós. Quanto mais intensa a paixão, maior a dificuldade em enxergar os obstáculos que precisamos enfrentar.

Não quero dizer que você não deve se apaixonar pelo seu negócio, muito pelo contrário! Se você deseja realizar algo grandioso, precisa estar profundamente apaixonado pelo seu projeto. Caso contrário, se ficar apenas focado nos desafios, corre o risco de não sair do lugar. **O segredo está em encontrar um equilíbrio entre a paixão e a razão, sem jamais perder a confiança de que você pode alcançar seus objetivos!**

Outro ponto importante que vale a pena destacar é a diferença entre licenciamento e franquia. No licenciamento, você obtém o direito de usar a marca, nome ou imagem de uma empresa em seus produtos ou serviços. Isso, em geral, envolve menos controle por parte do proprietário da marca, permitindo que o licenciado tenha mais liberdade para tocar seu negócio, desde que respeite certos padrões de uso e qualidade estabelecidos. Por outro lado, em uma franquia, a relação é mais estruturada: o franqueador não só disponibiliza a marca, mas também oferece um modelo de negócio completo, suporte operacional, treinamento e, principalmente, transfere seu *know-how*, orientando o franqueado sobre o que deve ser feito em cada etapa do negócio.

No nosso caso, o sistema era de licenciamento, então não recebemos orientações ou treinamentos específicos, nem para abrir nem para administrar o negócio. Isso significava que, embora tivéssemos a autorização para usar a marca da escola, a responsabilidade pela operação da unidade era toda nossa. Não tínhamos aquele suporte estruturado que um sistema de franquia costuma oferecer, como manuais operacionais ou assistência direta na gestão. Portanto, precisávamos confiar no nosso próprio conhecimento, buscar capacitação e ter a iniciativa necessária para enfrentar os desafios diários e fazer a coisa acontecer.

## Chegou a hora de deixar o cais e enfrentar o mar aberto

O tempo foi passando e me recordo de uma tarde em que precisei sair no meio de uma aula para ir até a obra resolver uma situação. Enquanto dirigia, não parava de pensar nos problemas. A pressão aumentava e, imerso nesses pensamentos, fiz uma oração: "Deus, por que me deixaste fazer isso? Por favor, me dá uma luz, me ajuda". Naquele instante, fui tomado por um sentimento que todo empresário conhece bem: eu já havia deixado o cais e estava navegando em mar aberto. Voltar não era uma opção; a única alternativa era fazer tudo dar certo.

Estava determinado a enfrentar cada desafio em busca da realização do meu sonho. Além de coragem e comprometimento, eu tinha fé de que, mesmo que Deus não revelasse todos os detalhes do caminho à minha frente, Ele estaria sempre ao meu lado para me apoiar. Em cada passo, eu colocaria um pé e Ele colocaria o chão. Essa convicção me dava a força que eu precisava para seguir em frente, sempre acreditando que o esforço valeria a pena.

Acredite, no meio daquele trajeto, enquanto dirigia e refletia sobre a situação, recebi uma ligação do gerente do banco onde eu tinha minha conta como pessoa física. Ele perguntou se estava tudo bem com a minha conta e se eu precisava de alguma coisa. Sem pensar duas vezes, respondi: "Estou precisando de dinheiro". Essa ligação se transformou em um ponto de virada para mim. Uma onda de esperança tomou conta — talvez, finalmente, uma solução estivesse a caminho e tudo o que estávamos fazendo poderia realmente dar certo.

Sempre mantive um bom histórico financeiro, e isso, combinado com minha renda como professor, me possibilitou um limite de crédito pré-aprovado de quarenta mil reais. Com esse valor em mãos, somado aos aportes mensais do Pierre, conseguimos continuar com a obra e avançar nas outras etapas do nosso projeto. Além disso, a gente foi se virando, contando com o apoio de amigos e familiares, pegando dinheiro emprestado aqui e ali. Cada passo nos aproximava do nosso objetivo e da certeza de que estávamos realmente construindo algo significativo.

Como o valor que levantamos não era suficiente, em várias ocasiões eu, Pierre e Roquette íamos ajudar na obra após o nosso expediente. Conversei com os pedreiros e expliquei que estávamos enfrentando dificuldades financeiras, mas que queríamos contribuir de alguma maneira. Assim, quando a equipe da obra finalizava suas atividades, nós aparecíamos à noite para adiantar algumas coisas. Eu nunca tinha usado uma maquita — uma ferramenta elétrica usada para cortar materiais como madeira e pisos — e tive que aprender a manuseá-la rapidamente para cortar gesso. A gente fazia o que estava ao nosso alcance e sempre deixava algo encaminhado para o pessoal finalizar no dia seguinte

Até que chegou um dia que se tornou extremamente marcante para mim. Estávamos prestes a inaugurar a nossa tão sonhada escola e precisávamos realizar o último pagamento da semana aos pedreiros, mas estávamos sem dinheiro algum. A tensão era grande, pois eles avisaram que iriam abandonar a obra se não recebessem, considerando que tínhamos outros pagamentos em atraso. Você já se encontrou em uma situação em que tudo parecia desmoronar ao seu redor? Foi exatamente assim que me senti.

No local onde seria a escola havia uma praça bem movimentada, no coração de São João de Meriti. E ali, naquele cenário, Pierre e eu percebemos a urgência da situação e a necessidade de uma solução rápida. Naquela praça, havia alguns bancos alternativos que ofereciam crédito instantâneo, mas com uma taxa de juros bem mais alta do que os bancos tradicionais. Então, eu disse: "Precisamos conseguir dinheiro emprestado em algum desses bancos". Não tínhamos muitas opções, então começamos a tentar o empréstimo. Com o contracheque em mãos, tentamos o primeiro banco. Não deu certo. Fomos para o próximo e também não conseguimos. A tensão aumentava a cada tentativa sem sucesso, mas continuamos perseverando. Até que, no terceiro banco, conseguimos um empréstimo com juros exorbitantes. Lembro até hoje da taxa de juros: 8,75% ao mês!

Esse dia me marcou porque mesmo estando tão perto de realizar o meu sonho, tudo poderia ser perdido ou adiado. Já tínhamos definido a data de inauguração da escola e se a obra não ficasse pronta, correríamos o risco de perder todo o ano letivo, pois estávamos trabalhando na implantação da escola para iniciar a operação no ano seguinte. O que seria de todo o investimento financeiro e todo o esforço que fizemos até ali? Às vezes, estamos muito perto de alcançar um objetivo e desistimos de continuar por causa de algum obstáculo que, a princípio, parece insuperável. **Nesses momentos, devemos esgotar todas as possibilidades e lutar pelo que queremos conquistar. Essa foi a minha escolha!**

## O grande dia!

Estávamos a poucos dias da tão esperada inauguração da nossa escola, agendada para um sábado, dia 25 de outubro de 2008. A adrenalina estava nas alturas! Teríamos uma prova para o bolsão e mais de quatrocentos alunos estavam inscritos. Porém, na sexta-feira, um dia antes do grande dia, percebemos que a obra não ficaria pronta a tempo. Havia muitos detalhes pendentes, como os acabamentos finais, a instalação das portas, a colocação das lâmpadas e luminárias, além de diversas outras pendências.

Então, eu e meus sócios, Pierre e Roquette, fomos para a escola e decidimos que só iríamos embora quando tudo estivesse finalizado. Contamos com a ajuda dos professores, verdadeiros amigos. Também tivemos o apoio incondicional de nossas famílias. Todos estavam vivendo aquele sonho conosco. Passamos a noite, literalmente, ajustando os últimos detalhes da obra, correndo contra o tempo para finalizar acabamentos e garantir que tudo estivesse impecável para o grande dia. Enquanto organizávamos tudo, dávamos um

**Estava determinado a enfrentar cada desafio em busca da realização do meu sonho. Além de coragem e comprometimento, eu tinha fé de que, mesmo que Deus não revelasse todos os detalhes do caminho à minha frente, Ele estaria sempre ao meu lado para me apoiar. Em cada passo, eu colocaria um pé e Ele colocaria o chão. Essa convicção me dava a força que eu precisava para seguir em frente, sempre acreditando que o esforço valeria a pena.**

toque especial à escola, colocando plantinhas aqui e ali, criando um ambiente acolhedor que tornaria o espaço ainda mais agradável.

Saí da escola às seis da manhã. Fui para casa, tomei um banho rápido e antes das oito já estava de volta para a palestra de abertura. Eu, meus sócios e toda a nossa equipe estávamos prontos para receber os pais e os alunos que iriam realizar suas provas. Eu olhava ao redor e via que a empolgação era realmente contagiante. Conversamos e, em meio a toda a agitação, conseguimos finalizar os preparativos a poucos minutos do horário marcado.

Aquele dia foi simplesmente memorável! Tudo saiu como o planejado, e a sensação de que estávamos fazendo a coisa certa era indescritível. Os pais estavam felizes, os alunos animados, e a energia do lugar era incrível. Tínhamos amigos e familiares ao nosso lado — minha esposa, minha mãe, minha irmã e meu cunhado estavam lá, assim como colegas professores. A conexão que criamos foi tão forte que se transformou no nosso *slogan*: "Mais que um colégio, uma família". Essa frase expressava exatamente o clima que criamos: um ambiente acolhedor, onde todos estavam em sintonia, comprometidos em fazer a diferença na vida de cada aluno.

**Eu acredito que não há como construir nada verdadeiramente grandioso sozinho. Se você não conseguir inspirar e envolver as pessoas ao seu redor em seus sonhos, será difícil transformá-los em realidade.**

E ali, com um propósito claro, nos dedicamos a oferecer o melhor ensino possível, sempre dispostos a ouvir e entender as dores e desejos de cada família que chegava até nós. Era um trabalho que carregava a força do amor pela educação, e eu tinha a certeza de que estávamos no caminho certo. E sabia que estávamos apenas começando!

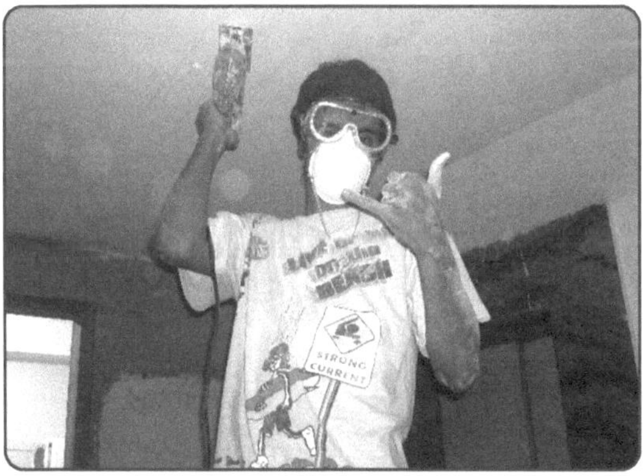

Imagem 1: Eu dando os últimos retoques no teto.
Fonte: arquivo pessoal do autor.

Imagem 2: Eu e meus sócios, Pierre Pereira e Rafael Roquette.
Fonte: arquivo pessoal do autor.

Imagem 3: Eu e Vivian, minha esposa.
Fonte: arquivo pessoal do autor.

# COLOQUE FORÇA MÁXIMA AQUI

Agora, convido você a pensar sobre seus próprios pontos de inflexão. Você tem buscado entender e responder aos sinais e oportunidades que a vida lhe apresenta? Ou tem estado no "piloto automático", sem ter consciência das escolhas que está fazendo? É importante que você reflita sobre as suas decisões e entenda se realmente está seguindo o caminho que vai te trazer realização e felicidade. Seja intencional e assuma o comando da sua vida! E lembre-se de sempre dar o seu melhor para alcançar os seus objetivos.

---

Qual é o seu verdadeiro propósito? Você está vivendo de acordo com ele? Não é fácil descobrir o seu propósito, acredito que não exista uma fórmula para isso. O que penso é que você deve buscar cada vez mais o autoconhecimento. Somente dessa forma você começa a entender o que realmente te move e assim encontra clareza e motivação para enfrentar os desafios. Pense sobre as ações que você pode tomar diariamente que estejam em sintonia com seus valores e princípios.

---

A fé é uma força poderosa que encontrei em minha trajetória. Independentemente das crenças que cada um possui, a fé nos dá a confiança de que tudo acontece por uma razão e que, mesmo nas dificuldades, há algo maior nos guiando. Ao longo da minha jornada, entendi que a fé não se limita a esperar que as coisas melhorem; é também um chamado à ação. É sobre acreditar que, mesmo diante de incertezas, estou exatamente onde preciso estar para chegar onde quero chegar. Acredite que seu empenho e dedicação são importantes e que a fé pode ser seu combustível em cada passo do caminho, especialmente quando os tempos são difíceis.

---

Ao escrever este capítulo, percebi que em várias ocasiões tudo poderia ser perdido ou adiado, mesmo prestes a inaugurar a escola. A pressão era enorme, e a responsabilidade estava nas minhas mãos. Mas, mesmo no meio do caos, houve a harmonia. Eu me dediquei muito para chegar até aqui, sempre dando o meu máximo e testando até onde vai a minha força. É preciso ter coragem e resiliência para enfrentar os desafios e uma visão clara para não desistir.

## E você?

Quais são os sonhos que você tem guardados e que ainda não teve coragem de perseguir?

Você está disposto a investir tempo e esforço suficientes para alcançar o que deseja, mesmo quando as coisas se complicam?

Você está vivendo a vida que realmente deseja ou está apenas seguindo a correnteza?

**Está na hora de colocar força máxima na sua jornada e transformar seus sonhos em realidade!**

CAPÍTULO 3

# A FORÇA DO EMPREENDEDORISMO

Metodologia MÁXIMA

Pilar **X DE MULTIPLICAÇÃO**

Após o sucesso da inauguração da nossa primeira escola licenciada, localizada no centro de São João de Meriti, município da Baixada Fluminense, em outubro de 2008 — com mais de 500 alunos inscritos na prova do bolsão —, iniciamos a operação no ano letivo de 2009 com 238 alunos matriculados. Eu, Pierre e Roquette, os três sócios, ainda atuávamos como professores em outras unidades da escola onde compramos o licenciamento. Essa foi uma decisão estratégica, pois poderíamos precisar dos nossos salários como professores para sustentar o nosso negócio. A verdade é que, ao longo do primeiro ano de funcionamento, continuamos a fazer aportes financeiros para manter a nossa unidade em operação.

Nós também atuávamos como professores na nossa própria escola, "recebendo" salário como funcionários (coloquei as aspas e, se você é empreendedor, já entendeu o porquê). Para garantir que pelo menos um dos sócios sempre estivesse disponível na unidade, organizamos uma escala de aulas: Pierre dava aula um dia na semana, Roquette lecionava dois dias, e eu, por ter mais disponibilidade, dedicava três dias ao nosso negócio. Essa distribuição fazia mais sentido financeiramente, pois era mais viável para a empresa arcar com o meu salário do que com os de Roquette e Pierre, que já eram professores mais caros e tinham compromissos maiores em outras unidades da rede.

Era o começo da nossa jornada, e eu estava disposto a dar o meu melhor para fazer o negócio dar certo. Não posso negar que esse início foi desafiador. De repente, eu não era apenas um professor; era também um dos proprietários da escola. Como mencionei no capítulo anterior, com o sistema de licenciamento, recebemos apenas a autorização para usar a marca e, infelizmente, não tivemos acesso a treinamento ou qualquer tipo de apoio na gestão do negócio. Tivemos que aprender a administrar uma escola na prática, enfrentando os desafios do dia a dia e crescendo com cada experiência.

Anos depois, encontrei uma teoria que explicava com clareza as turbulências que vivemos naquela época. No livro "O Mito do Empreendedor" (Fundamento, 2011), Michael E. Gerber diz que todo empreendedor carrega em si três personalidades: 1) o Empreendedor, que é o visionário, sempre de olho no futuro, pensando e criando novas oportunidades; 2) o Administrador, que é pragmático, planejador e organizado, e sempre enxerga problemas onde o Empreendedor vê oportunidades; 3) e, por fim, o Técnico, que é aquele que coloca a "mão na massa", que se sente feliz trabalhando e acredita que ninguém consegue realizar as tarefas melhor do que ele. Gerber defende que se essas três personalidades não estiverem equilibradas, a empresa vai refletir esse desequilíbrio.

Na época, eu ainda não tinha lido esse livro, mas hoje percebo que essas personalidades estavam bem distribuídas entre os três sócios — eu, Roquette e Pierre. A minha personalidade dominante era a do Empreendedor, sempre pensando à frente, enxergando oportunidades e criando novos negócios. O Roquette também tinha um pouco do perfil do Empreendedor, mas essa personalidade não se sustentava por muito tempo. Ele era muito criativo, tinha ótimas ideias, mas nem sempre mantinha a energia e o foco para concluir os projetos. Era quando a sua outra personalidade, a do Administrador, assumia o controle, e ele me ajudava com a gestão e operação do negócio. Já o Pierre era o Técnico. Ele gostava mesmo de dar aulas e trabalhar no projeto pedagógico da escola. Com o passar do tempo, ele desenvolveu mais a sua personalidade de Administrador, o que foi importante para organizar as coisas quando começamos a crescer.

Foi dessa forma que comecei ali a minha jornada como gestor, além de professor. Eu estava envolvido em todas as áreas da escola: dava aulas, atendia pais, fazia matrículas e resolvia uma série de problemas no dia a dia da operação. A verdade é que, enquanto ensinava, também estava aprendendo. Eu ainda não percebia, mas estava sendo treinado em cada departamento da escola e entendendo como um bom gestor deve atuar. Era como se eu estivesse passando por um programa intensivo e prático de administração de empresas.

Se você é empresário ou pretende ser, saiba que você não precisa saber fazer tudo na sua empresa, mas deve conhecer bem cada setor para, no mínimo, poder conversar com os funcionários ou gestores de cada área. Por sinal, Michael Gerber defende que saber fazer o trabalho técnico de uma empresa, em vez de ser uma vantagem, é uma desvantagem para o empresário. Quando isso acontece, a empresa não cresce, já que o dono da empresa está ocupado em fazê-la funcionar. Gerber ressalta que "**se a empresa depende de você para tudo, você não é um empresário; é um empregado**".

Já quando o empresário não sabe fazer o trabalho técnico, ele tem que contratar alguém para fazer, em vez de "arregaçar as mangas" e fazer ele mesmo. Com isso, ele pode dedicar o seu tempo a questões estratégicas e trabalhar para o crescimento da empresa.

Eu ainda não tinha essa clareza, e muito menos os recursos para fazer muitas contratações. Porém, como mencionei, trabalhar em todos os setores da escola foi um grande aprendizado e uma verdadeira fonte de inspiração. Por exemplo, a experiência de vender matrículas e atender os pais de alunos me mostrou a importância de compreender a experiência do cliente.

Uma característica que sempre procurei desenvolver é a busca constante pela inovação. Sempre penso que podemos fazer melhor e gerar mais valor para nossos clientes. Começamos então a desenvolver novos produtos educacionais que realmente fizessem a diferença para nossos alunos. Um desses produtos foi o aulão de sábado, um encontro extra para reforçar o aprendizado. Esses aulões se mostraram extremamente valiosos, atraindo muitos alunos que estavam ansiosos para se preparar para os vestibulares e concursos.

Cada interação era uma oportunidade valiosa para observar e refletir sobre o negócio. Eu estava completamente imerso nessa nova realidade, enfrentando cada desafio que surgia como uma lição importantíssima, tanto para mim quanto para a escola. A pressão era constante, mas eu sabia que também era uma chance de crescer como empreendedor. Embora estivesse lidando com um monte de responsabilidades, estava feliz em realizar meu sonho de empreender e cumprir o meu propósito de desenvolver pessoas.

Tudo aquilo que eu estava vivendo me motivou a buscar capacitação. Se, por um lado, herdei a veia empreendedora do meu pai, por outro, crescer vendo a dedicação da minha mãe e da minha irmã aos estudos e como elas se preparavam para alcançar seus objetivos despertou em mim a vontade de buscar conhecimento constantemente. Sempre que enfrentava desafios que não sabia como resolver, eu buscava informações ou me inscrevia em cursos.

**Acredito que a distância entre o resultado que eu tenho hoje e o resultado que eu quero alcançar é o conhecimento que ainda não adquiri e a coragem de colocá-lo em prática.** Foi com essa mentalidade que investi em formações em gestão, liderança e finanças, além de cursos de desenvolvimento pessoal. Inclusive, concluí um mestrado em Gestão Empresarial na FGV e participei de imersões na área de negócios. Sempre busquei investir em mim mesmo, tanto em conhecimento quanto em meu desenvolvimento pessoal e empresarial. Afinal, sou da área da educação, e se eu não valorizo a educação em minha própria vida, como poderei vendê-la aos outros?

Novamente citando "O Mito do Empreendedor", Gerber defende que o empreendedor, desde o momento em que decide abrir um negócio, deve ter paixão pela transformação pessoal. Dirigir uma empresa exige o desenvolvimento de novas habilidades, novos conhecimentos, nova compreensão de mundo e controle emocional. Gerber diz que "qualquer limitação ao crescimento dos negócios que esteja relacionada às limitações pessoais do empresário deve ser vista como antinatural" (Fundamento, 2011).

# ENCONTRE SUA FORÇA!

## Pausa para reflexão

O conhecimento que você tem te levou até onde você está hoje. Se você está querendo e tentando conseguir mais, a falta de conhecimento pode ser uma barreira. Em um mundo cada vez mais intenso, onde o volume de informações e a produção de conhecimento crescem exponencialmente e em uma velocidade absurda, o aprendizado contínuo é fundamental para acompanhar essa evolução.

Quando foi a última vez que você investiu em seu próprio crescimento pessoal, intelectual ou profissional? Quais foram os resultados dessa iniciativa?

Qual conhecimento ou habilidade você precisa desenvolver para chegar onde você quer chegar? Quais passos concretos você pode dar nessa direção?

O que te impede de começar a aprender algo novo agora mesmo? Como você pode superar esse obstáculo?

Que recursos ou oportunidades de aprendizagem e desenvolvimento estão disponíveis para você agora, e como você pode aproveitá-los para crescer pessoal e profissionalmente?

**Dirigir uma empresa exige o desenvolvimento de novas habilidades, novos conhecimentos, nova compreensão de mundo e controle emocional.**

## Os desafios do empreendedorismo

O primeiro ano da escola foi simplesmente incrível! Apesar de estar enfrentando uma tripla jornada — como professor na minha escola, professor em outras unidades e gestor da instituição — e ainda não ver o retorno financeiro que esperávamos, considerei aquele período em São João de Meriti uma verdadeira vitória. Recebemos ótimos *feedbacks* de alunos, pais, professores e funcionários, todos exaltando o quão bom o colégio era e o potencial que tinha para ser um grande sucesso.

Estávamos muito bem posicionados como um colégio preparatório que oferecia disciplina e qualidade, justamente as características mais desejadas pelo nosso público. Todo esse reconhecimento e entusiasmo nos motivaram a ir além. Era a hora de ousar e dar mais um passo em nossa jornada.

Quando assumimos o curso preparatório noturno lá no GPI, eu e o Pierre conhecemos o dono de uma faculdade de Teologia e Música, localizada em Vilar dos Teles, um bairro de São João de Meriti, que nos anos 80 ficou conhecido como a "cidade do *jeans*", devido ao forte polo têxtil que se desenvolveu na região, atraindo gente de todo o Brasil. A faculdade funcionava justamente no Shopping do Jeans, que na verdade está mais para uma galeria comercial.

O proprietário dessa faculdade ficou sabendo que abrimos um colégio em São João e nos fez uma proposta. As aulas da faculdade aconteciam à noite, e durante o dia, as quatro salas que eram usadas ficavam vazias. Então, ele nos ofereceu a possibilidade de utilizar o espaço e abrir mais uma unidade da nossa escola. Essa chance nos animou, pois era uma excelente forma de expandir nosso alcance e oferecer educação de qualidade a mais alunos, já que, apesar de uma distância de apenas quatro quilômetros, a população de Vilar dos Teles não tinha o costume de se deslocar para o centro de São João.

Nossa primeira unidade também só tinha quatro salas, e oferecíamos turmas para o Ensino Fundamental — Anos Finais, a partir do sexto ano, além do Ensino Médio e dos cursos preparatórios. Por isso, a ideia era replicar, nessa nova unidade de Vilar dos Teles, o que já havíamos feito com sucesso em São João. Como já tinha a atividade da faculdade, o local já estava bem mais preparado. Ainda assim, fizemos alguns ajustes e reformas para adaptar o espaço às nossas necessidades, principalmente para proporcionar uma boa experiência aos nossos alunos. Tivemos que fazer um pequeno investimento e, mais uma vez, a obra só ficou pronta bem próximo à inauguração.

Iniciamos as operações da unidade de Vilar dos Teles em 2010, mas não conseguimos repetir o sucesso da primeira escola. Nossa expectativa era superar o número de matrículas da unidade em São João, mas, para nossa surpresa, alcançamos apenas noventa e sete alunos matriculados, o que é menos da metade dos duzentos e trinta e oito que registramos na primeira escola.

Quando um colégio inicia suas atividades ou o ano letivo sem alcançar o número mínimo de alunos para atingir o ponto de equilíbrio*, as consequências podem ser severas e duram o ano todo, até o período seguinte de matrículas. Isso porque, durante o ano letivo, não é possível captar novos alunos. Embora tenhamos conseguido algumas fontes de receita extras, a verdade é que o que realmente sustenta uma escola é a mensalidade dos alunos.

---

* O ponto de equilíbrio, ou break-even point, refere-se ao estágio em que uma empresa gera receita suficiente para cobrir todos os seus custos — tanto fixos quanto variáveis —, sem obter lucro ou ter prejuízo.

Diante dessa situação, fomos obrigados a alocar recursos da unidade em São João, que já estava lucrativa, para cobrir as despesas da nova escola. Como os aportes financeiros nem sempre eram suficientes, também tivemos que usar parte dos nossos salários e contrair alguns empréstimos. Esse foi um ano realmente desafiador. Embora abrir a segunda unidade tenha sido mais fácil devido à experiência que adquirimos até então, enfrentamos sérias dificuldades financeiras. Como resultado, acumulamos um endividamento de quase seiscentos mil reais ao final de 2010.

Mesmo com todo esse cenário desafiador, não deixamos transparecer nossas dificuldades para ninguém na escola, especialmente para os professores e funcionários. Todos estavam vivendo um clima de prosperidade e satisfação pelo trabalho bem feito, e essa energia era contagiante. Sempre fizemos questão de priorizar nossos colaboradores e garantir que os salários fossem pagos pontualmente — e assim seguimos esse princípio! Mesmo enfrentando turbulências financeiras, conseguimos honrar todos os salários naquele período.

Ao final daquele ano, o Roquette não estava mais feliz com a escola. Não por causa do endividamento ou por não acreditar no projeto; na verdade, ele apenas percebeu que não queria mais ser dono de empresa, mas sim construir uma carreira como executivo. Quando recebeu uma oferta atraente para atuar como gerente de projetos, decidiu seguir esse caminho e sair da sociedade. Ele então me perguntou se eu não queria comprar a sua parte, e assim eu fiquei com dois terços do negócio. Atualmente, o Roquette está muito bem colocado no mercado, vivendo plenamente aquilo que realmente desejava.

Apesar dos desafios financeiros que enfrentávamos, eu mantinha uma expectativa positiva quanto ao futuro da escola. Mesmo com os números não estando a nosso favor, havia sinais de que as coisas poderiam melhorar. Trabalhamos muito e conseguimos captar um número significativo de alunos para a virada do ano letivo, o que indicava que estávamos no caminho certo.

À medida que as inscrições aumentavam, eu fazia projeções financeiras e via que estávamos nos aproximando do ponto de equilíbrio. Nossa unidade em São João estava entrando em seu terceiro ano de operação e já estava mais consolidada, enquanto a unidade de Vilar dos Teles apresentava sinais claros de que logo começaria a gerar lucro. Na minha mente, a visão era clara: conseguiríamos quitar nossas dívidas! E foi exatamente isso que fizemos ao longo de 2011: trabalhamos com foco total e conseguimos pagar mais de seiscentos mil reais em dívidas, colocando as nossas finanças em ordem.

Essa conquista foi possível graças ao clima de colaboração e à cultura forte que cultivamos e implementamos na escola. Todos estavam alinhados e em sintonia, com alunos felizes e um alto índice de aprovações. Para mim, esse foi um verdadeiro ponto de virada. Percebi que nossa escola estava se tornando mais forte do que a própria licenciadora. Apesar de usar a mesma marca, entendemos que precisávamos nos diferenciar. Assim, no final de 2011, começamos a desenvolver o conceito de "Força Máxima", incorporando esse termo ao nome da escola para refletir nosso compromisso com a excelência e o impacto positivo que queríamos gerar na vida dos nossos alunos.

## Sonhos e pesadelos

No início de 2012, com duas unidades já consolidadas e gerando lucro, uma nova oportunidade surgiu: abrir uma terceira escola no município de Nova Iguaçu, vizinho a São João de Meriti.

Quando estamos fazendo sucesso, as pessoas naturalmente se sentem atraídas e querem se juntar a nós. E foi nesse clima de otimismo, vendo o sucesso das nossas duas unidades, que um amigo e professor de Geografia me convidou para ser sócio na unidade licenciada, da mesma marca, que ele havia adquirido.

Aceitei o convite, entendendo que essa era mais uma chance de expandir nosso impacto na educação. Ele trouxe sua tia como sócia, e, posteriormente, o Pierre também se juntou a nós, formando um grupo de quatro sócios em Nova Iguaçu. A expectativa para inaugurar esse nova unidade era alta, pois seria o colégio dos sonhos! Pela primeira vez, teríamos uma estrutura que nos permitiria oferecer aulas também para o Ensino Fundamental — Anos Iniciais.

Além disso, esse momento representou um marco muito especial na minha trajetória pessoal e profissional: pela primeira vez, minha esposa, Vivian, passou a trabalhar diretamente comigo no ambiente escolar. Formada em Administração e com uma carreira consolidada no Banco HSBC, ela aceitou o desafio de assumir o cargo de diretora administrativa dessa nova unidade.

Essa decisão foi um divisor de águas em nossas vidas, pois, a partir dali, nossa família estaria 100% dedicada às escolas como única fonte de renda. Trabalhar lado a lado com minha esposa fortaleceu ainda mais o nosso propósito, unindo nossas competências e esforços para transformar nosso sonho em realidade. Ela, como diretora administrativa, e eu, como professor e empreendedor, estávamos prontos para enfrentar os desafios e construir, juntos, o futuro que desejávamos.

Diferentemente das primeiras unidades, que estavam localizadas em prédios comerciais pequenos, a nova escola contava com uma estrutura impressionante. Era um espaço amplo, composto por três prédios. O prédio principal tinha cinco andares e abrigava cerca de vinte salas de aula, que destinamos ao Ensino Fundamental — Anos Finais e Ensino Médio. Em outro prédio, fizemos uma biblioteca de dois andares, e criamos um espaço dedicado ao Ensino Fundamental — Anos Iniciais no prédio que ficava nos fundos do complexo. No meio de todo esse espaço, havia uma quadra de esportes. Finalmente, teríamos um colégio "de verdade", com uma infraestrutura muito superior à das unidades que haviam sido inauguradas anteriormente.

Transformar esse sonho em realidade exigiu um investimento significativo. Foi uma obra gigante e, claro, tivemos que contrair vários empréstimos bancários. Após a abertura das duas primeiras unidades e a adoção do conceito "Força Máxima", a gente passou a ter uma preocupação ainda maior com a estética das escolas; a qualidade da obra era uma prioridade. Desde o início, pensamos em não apenas atender às necessidades funcionais da escola, mas também criar um ambiente agradável. Essa foi a primeira escola com quadra própria; os pisos eram de boa qualidade, e a biblioteca proporcionava um espaço ideal para pesquisa e estudo.

Como forma de celebrar nossas histórias e raízes e dar um significado ainda mais profundo à nova escola, decidimos homenagear pessoas que marcaram nossas vidas. A quadra esportiva recebeu o nome da minha amada e saudosa avó Hilda. O outro sócio, o professor, por sua vez, também fez uma homenagem à sua avó, dando seu nome ao prédio principal. A outra sócia do grupo decidiu batizar o prédio do Fundamental — Anos Iniciais em homenagem à sua mãe, enquanto a biblioteca passou a levar o nome do pai do Pierre.

Finalmente inauguramos a escola e recebemos aproximadamente trezentos e cinquenta alunos para a matrícula. A sensação de realização foi indescritível! Todo o esforço feito até ali parecia ter valido a pena — foi um verdadeiro sucesso! Iniciamos a operação no ano letivo de 2013. Mas, logo após a inauguração, tivemos um sério problema entre os sócios.

Na verdade, o desentendimento começou entre o professor e sua tia, que se envolveram em uma discussão sobre remuneração. Ele seria o coordenador do prédio principal, com as turmas a partir do sexto ano, enquanto ela ficaria responsável pelo prédio dos anos iniciais, nos fundos da escola. Como os salários seriam diferentes, a situação gerou conflito. Precisei intervir e atuar como mediador, pois, naquele momento, nenhum de nós tinha um conhecimento profundo sobre a remuneração de sócios.

O fato é que o salário de um sócio que atua na operação da empresa deve ser compatível com o valor de mercado. Ou seja, um sócio que exerce a função de diretor de escola deve receber um salário condizente com a média do setor, enquanto sócios em funções diferentes podem ter remunerações distintas, sempre compatíveis com o mercado.

A outra forma de remuneração, que é a retirada de lucros, deve ocorrer apenas quando realmente há lucro e sempre de forma proporcional à participação de cada sócio. Mas, naquela ocasião, eu ainda não tinha esse conhecimento.

Então, logo no início das nossas atividades, percebi que a relação entre os sócios seria desgastante. Eu acredito que um reino dividido não prospera, e a gente viveu essa realidade. Enfrentamos diversos problemas que culminaram na saída do meu amigo professor da sociedade, e eu e Pierre acabamos comprando a parte dele. Esse foi o fim de uma amizade que se estendia desde os tempos de escola, e essa dor ainda me acompanha. Muitas vezes me pego pensando que, se tivesse tido mais conhecimento e maturidade na época, poderia ter lidado com a situação de forma diferente.

A unidade de Nova Iguaçu enfrentou uma série de desafios administrativos desde o início, acumulando dívidas exorbitantes e exigindo um grande esforço para ser estabilizada. No meio desse caminho, diante dessas dificuldades, convidei Felipe Domingos, um grande amigo e parceiro que se juntou a nós como professor desde a inauguração de nossa primeira unidade, para assumir a direção da escola.

Felipe trouxe uma visão estratégica fundamental, reorganizando os processos e implementando métodos mais eficientes de operação. Sua liderança foi decisiva para reverter o cenário adverso e recolocar a escola em um rumo sustentável. Com dedicação incansável e competência, ele ajudou a transformar um momento de crise em um ponto de virada tanto para a unidade quanto para a nossa trajetória.

Com o apoio dele, conseguimos tornar a escola uma instituição produtiva. Implementamos processos eficientes, conseguimos reorganizar as finanças e, ao longo do tempo, fomos acompanhando a evolução financeira da unidade. Em 2022, finalmente comemoramos a quitação de todos os débitos, marcando o início de uma nova fase, na qual começamos a ver o retorno do nosso investimento.

Essa experiência me ensinou lições valiosas sobre resiliência, trabalho em equipe e, acima de tudo, a importância de ter as pessoas certas ao nosso lado nos momentos mais desafiadores.

Além disso, foi um grande aprendizado na minha jornada empreendedora. Seduzido pelo sucesso, acabei não avaliando os riscos que essa sociedade poderia trazer. Aprendi que sonhos e desafios andam de mãos dadas e que o empreendedorismo exige constante vigilância sobre todas as áreas do negócio. Com o tempo, também passei a entender melhor como deve funcionar uma sociedade.

Hoje, posso afirmar que, se você não tiver um sócio que esteja na mesma frequência e que compartilhe os mesmos objetivos que você, em algum momento surgirão problemas na sociedade. É saudável ter perspectivas e pensamentos diferentes, mas é fundamental que ambos estejam alinhados quanto ao que realmente querem alcançar. Além disso, é crucial realizar reuniões periódicas para alinhar expectativas. Essas conversas ajudam a reafirmar o caminho que o negócio deve seguir e manter todos na mesma página.

É importante também que os papéis dentro da sociedade estejam bem definidos, garantindo que cada sócio compreenda seus direitos e responsabilidades. Caso os percentuais de participação sejam iguais, já precisa ficar claro na constituição da empresa quem terá o poder de decisão. No meu caso, conquistei essa posição não apenas por ser sócio majoritário em algumas unidades, mas também por sempre estar à frente do negócio. Não formalizamos isso em documentos, mas os meus sócios confiaram em mim e eu desenvolvi essa liderança naturalmente ao longo do tempo.

Para aqueles que estão pensando em iniciar um negócio em sociedade, recomendo que todas essas questões sejam formalizadas em contrato. Isso ajuda a evitar mal-entendidos, estabelece uma relação de confiança e fortalece o vínculo entre os sócios. Um bom alinhamento desde o início é a base para uma parceria saudável e duradoura, e pode fazer toda a diferença no sucesso do empreendimento.

# ENCONTRE SUA FORÇA!

## Pausa para reflexão

Muitos empreendedores evitam conversas difíceis com seu time ou com os sócios. Por vezes, vivem em uma situação que não os agrada só para não ter o desgaste de falar sobre isso. Vejo também alguns gestores que não têm habilidade para mediar um conflito, e às vezes até fingem que não estão vendo determinada situação. Eu aprendi que as conversas difíceis são superimportantes e podem até ser vitais para um negócio.

Essas situações também acontecem em nossa vida pessoal, e se não são bem gerenciadas, podem afetar nossa saúde mental.

Portanto, convido você a parar e refletir:

Quais são os custos emocionais e profissionais de evitar conversas difíceis em sua vida pessoal e profissional? O que você pode fazer para ter uma comunicação mais assertiva?

Que passos você pode dar hoje para enfrentar um conflito ou situação desconfortável de forma construtiva e que traga benefícios, seja no trabalho ou em seus relacionamentos pessoais?

Como você costuma lidar com conflitos em sua equipe ou em seus relacionamentos? Quais são as suas maiores dificuldades nesse processo?

## Nossa primeira aquisição

Nossas três primeiras unidades — São João, Vilar dos Teles e Nova Iguaçu — foram abertas do zero, ou seja, alugamos um espaço e o transformamos em uma escola. Em 2015, surgiu uma oportunidade diferente que traria um novo personagem para nossas vidas. Fábio Rodrigues, um professor de Química que lecionava em nossas unidades, me procurou com um convite: ele havia conseguido a licença da marca para abrir um colégio em São Gonçalo, município do Rio de Janeiro, e queria que eu fosse seu sócio.

De início, não fiquei muito entusiasmado, pois São Gonçalo ficava distante das outras unidades e também de onde eu morava. Cheguei a oferecer ao Fábio meu apoio como mentor, sem cobrar nada, já que éramos amigos e ele era um parceiro de trabalho. Porém, ele deixou claro que sua intenção era contar comigo como sócio. Comecei a me animar com a ideia, já pensando em uma situação de futuro — vou detalhar isso em um próximo capítulo. Mas, antes de avançar com a proposta, deixei claro que meu parceiro de longa data, o Pierre, também precisava estar envolvido nesse novo projeto.

A perspectiva de adquirir uma escola era bastante atraente. O Colégio Califórnia era uma instituição tradicional, com uma rica história de setenta anos. A antiga proprietária, a professora Irene, havia falecido alguns anos antes, e seu filho Heraldo, um engenheiro na faixa dos sessenta anos, não tinha interesse em manter o negócio. Além disso, a escola enfrentava sérias dificuldades: contava com poucos alunos e estava nas mãos dos funcionários.

O cenário era desolador. A escola tinha vários problemas estruturais, não tinha manutenção e há muito tempo não recebia nenhum investimento. A empresa também acumulava dívidas, e o Heraldo foi bem transparente com a gente: ele queria se livrar de um negócio que não sabia como administrar, mas também se preocupava com o legado de sua mãe. Para ele, se a gente apenas assumisse as dívidas e revitalizasse o local, já estava ótimo. No final, decidimos fazer o investimento necessário e compramos o Colégio Califórnia em junho de 2015.

A inauguração dessa nova unidade precisava ser mais do que apenas um ato formal; precisávamos transformar a cultura e revitalizar o ambiente. Para isso, realizamos a transição do nome assim que o colégio passou a estar sob a nossa gestão. Estendemos as férias de julho em uma semana para realizar novas reformas, e quando os alunos retornaram, encontraram uma nova escola. Uma escola totalmente renovada! Estava pintada, equipada com ar-condicionado e com um ambiente acolhedor e propício ao aprendizado.

Foi gratificante ver como essas melhorias impactaram positivamente a autoestima dos alunos. A nova escola estava bonita, decorada com estilo e comunicando modernidade em todos os aspectos. Com essas mudanças, os professores ganharam novo ânimo e se sentiram valorizados, principalmente depois de termos colocado os salários em dia e quitado os impostos. Essa revitalização não apenas transformou o espaço físico, mas também renovou a energia de toda a comunidade escolar.

O principal desafio naquela escola era gerenciar a unidade a distância, mantendo o padrão das outras unidades. Eu sabia que não poderia estar presente todos os dias, pois o deslocamento me tomaria muito tempo. Inicialmente, decidimos manter a base de professores e funcionários da antiga escola, o Colégio Califórnia. Optamos por dar a eles a chance de mostrar seu valor e se alinhar à nova cultura que estávamos implementando.

Aqueles que se destacaram foram mantidos, enquanto os que não se adaptaram foram dispensados. Com isso, realizamos um processo seletivo e iniciamos o ano letivo de 2016 com uma equipe rejuvenescida, focada e alinhada aos nossos objetivos. Essa iniciativa foi fundamental para garantir que continuássemos comprometidos com nossa missão de oferecer uma educação de qualidade.

A meta era clara: queríamos que a unidade de São Gonçalo funcionasse tão bem quanto as outras três escolas que já estavam estabelecidas. Eu sabia que isso demandaria muito trabalho, inicialmente, e um comprometimento total de todos os envolvidos. Para isso, organizei reuniões periódicas com a equipe para garantir que todos estivessem em sintonia e cientes das metas. Essas reuniões, que faziam parte da minha estratégia de gestão a distância, foram fundamentais para fortalecer a cultura da empresa e criar um senso de responsabilidade coletiva.

No final do primeiro semestre, em junho de 2016, fiz uma análise e entendi que estávamos conseguindo gerenciar a escola a distância e fomos bem-sucedidos na implantação da cultura da empresa. Eu pedia para professores e coordenadores das unidades de São João e Nova Iguaçu passarem um dia em São Gonçalo para avaliarem se lá tinha o jeito "Força Máxima". Todos voltavam empolgados, dizendo: "Jhonatan, é exatamente igual, parece mesmo com todas as outras unidades; é Força Máxima".

Pronto! Conseguimos implantar o jeito Força Máxima de ensinar, mesmo com professores que não haviam trabalhado com a gente anteriormente. Nesse momento, comecei a considerar a possibilidade de expansão por meio de franquias — mas esse é um assunto que deixaremos para o próximo capítulo.

Olhando para trás, percebo que cada desafio representou uma oportunidade para meu amadurecimento como empreendedor e meu desenvolvimento como empresário. Aprendi que ter uma visão clara e um plano bem estruturado é essencial na jornada empreendedora. Apesar de termos enfrentado momentos difíceis, cada um deles teve um papel fundamental na formação de nossa identidade como escola. O apoio mútuo entre os sócios e o engajamento da equipe foram fundamentais para atravessar as tempestades que surgiram ao longo do caminho.

Considero que essa fase — desde a abertura da primeira escola, em 2009, até a inauguração da unidade de São Gonçalo, em 2016 — não apenas marcou o crescimento da nossa instituição, mas também representou uma transformação significativa em minha vida pessoal. Essa jornada me levou de dono de escola a empresário no setor de educação, e cada lição aprendida ao longo do percurso continua a me inspirar a buscar novas metas e a impactar mais vidas.

Se você já enfrentou um desafio semelhante, sabe que a jornada empreendedora é cheia de altos e baixos, mas também é rica em aprendizados. Acredite, cada pequena vitória merece ser celebrada, pois representa um passo importante na direção do sucesso.

Para mim, essa é a força do empreendedorismo: a capacidade de aprender e se adaptar continuamente. **Quando você planta boas sementes, mesmo nos momentos mais desafiadores, pode ter certeza de que a hora de colher frutos extraordinários chegará**. Portanto, não subestime a importância de cada experiência, cada desafio e cada conquista ao longo do caminho. Cada passo, por menor que pareça, é fundamental para construir seu negócio e fortalecer sua trajetória.

# COLOQUE FORÇA MÁXIMA AQUI

A força do empreendedorismo está em como encaramos os desafios e nos esforçamos para crescer e aprender constantemente. O caminho nem sempre é fácil, por isso é importante cultivar a mentalidade certa para perseverar e se fortalecer ao longo da jornada. Afinal, todo grande sonho exige esforço, dedicação e a capacidade de se adaptar e se reinventar.

Além disso, sempre digo que ninguém realiza nada grandioso sozinho. Por isso, é importante estar cercado de pessoas que estejam dispostas a oferecer apoio nos momentos em que você mais precisa. Buscar pessoas que vibram na mesma frequência que você e estão alinhadas com seus sonhos e objetivos faz toda a diferença no processo.

Essa fase da minha vida me ensinou que o empreendedorismo abre uma série de caminhos. **Muitas vezes, os obstáculos não estão aí para nos impedir, mas sim para nos fortalecer e nos mostrar que existem rotas melhores a serem exploradas**.

Portanto, se você está empreendendo ou pretende empreender, seja no seu próprio negócio ou no desenvolvimento da sua carreira, convido você a refletir sobre algumas questões.

**Qual é o seu propósito como empreendedor ou como profissional? Qual o impacto que você deseja gerar no mundo?**

**Qual é a sua maior preocupação em relação ao futuro do seu negócio ou carreira? O que você tem feito para estar mais preparado para enfrentar esse desafio?**

**Quem são as pessoas que te inspiram e te apoiam em sua jornada profissional? Como você pode fortalecer esses relacionamentos?**

**Quando foi a última vez que você se sentiu desestimulado? Como a sua mentalidade afetou sua capacidade de perseverar naquele momento?**

Entenda que o empreendedorismo vai muito além de simplesmente abrir um negócio. Trata-se de uma filosofia que você pode e deve aplicar em todas as áreas da sua vida, seja na carreira, na saúde, na espiritualidade ou nos relacionamentos. Empreender é a força que te impulsiona a assumir as rédeas da sua própria vida e a construir o futuro que deseja, mesmo diante dos desafios.

> **"Se você faz o que sempre fez, vai ter o que sempre teve."**
>
> *Tony Robbins*

CAPÍTULO 4

# A FORÇA DA CLAREZA DE DONO DE ESCOLA A EMPRESÁRIO DO SETOR DE EDUCAÇÃO

Metodologia MÁXIMA

Pilar **INTELIGÊNCIA**

Vamos imaginar que empreender é como escalar uma montanha. Muitos empreendedores iniciam essa aventura sem uma preparação adequada. Motivados e determinados a alcançar o topo da montanha, eles começam a subida com energia e entusiasmo. No início da jornada, tudo parece promissor. No entanto, em determinado momento, uma neblina densa surge e eles não conseguem mais ver o topo da montanha. Mesmo assim, continuam subindo, sem saber o que os espera lá em cima.

À medida que a neblina se intensifica, esses empreendedores ficam sem enxergar a próxima etapa e sem saber qual o próximo movimento a fazer. Essa falta de visão os deixa em um ponto crítico, onde correm o risco de cair. Sem uma noção clara de que altura estão, eles não têm ideia do dano que esse tombo pode causar. Frustrados com a falta de progresso e incapazes de enfrentar novos obstáculos, alguns começam a pensar em desistir.

Por outro lado, muitos empreendedores ainda estão determinados a escalar essa montanha. Eles buscam ajuda, adquirindo ferramentas e desenvolvendo competências essenciais para seguir em frente. Nesse processo, eles conseguem passar pela neblina e enxergar melhor os próximos desafios. Munidos com o conhecimento e as ferramentas certas, esses empreendedores superam cada obstáculo com mais confiança. À medida que sua clareza aumenta, o topo da montanha fica cada vez mais visível, e a jornada em direção aos seus objetivos se torna mais segura e promissora.

Essa é a força da clareza!

Quando decidi comprar o licenciamento e abrir a primeira unidade da minha escola, eu tinha a paixão pelo empreendedorismo e o sonho de ter meu próprio negócio. Lembro claramente da sensação que tive naquele momento, aquele sentimento de que algo grandioso aconteceria em minha vida. Embora eu ainda não soubesse exatamente o que era, o universo parecia conspirar a meu favor, colocando as oportunidades à minha frente. De certa forma, essa incerteza me motivava. Eu não sabia o que poderia conquistar, mas acreditava em um futuro grandioso. Eu estava entusiasmado para escalar a montanha.

Refletindo sobre a fase que atravessei desde a inauguração da primeira escola até a aquisição da quarta unidade, em São Gonçalo, percebo que, na época, não tinha o conhecimento ou a clareza que hoje considero fundamentais para dirigir uma empresa. Na realidade, por um tempo, eu não tinha nem mesmo consciência de que isso me faltava.

Por muitas vezes, eu não sabia claramente qual seria o próximo passo. Mas, intuitivamente, eu compensava essa deficiência com muita garra e determinação, com a convicção de que estava no caminho certo. Embora sempre buscasse o conhecimento que me faltava para solucionar algum problema ou avançar à próxima etapa, chegou o momento em que eu teria que vencer a neblina e enxergar o topo da montanha. Eu precisava ter clareza.

**A clareza é verdadeiramente libertadora.** Ter plena consciência do que você está fazendo — e, mais importante, por que está fazendo —, saber quais passos são necessários para alcançar seus objetivos, compreender os riscos envolvidos e ter uma visão de longo prazo que direcione suas ações, faz toda a diferença no caminho do empreendedorismo. Ter essa clareza não significa que você não encontrará obstáculos, mas sim que estará melhor preparado para enfrentá-los, com um repertório de soluções.

Com o tempo, você também aprende a escolher, com sabedoria, os desafios que quer enfrentar, se colocando em situações que não só o testam, mas também oferecem oportunidades para você crescer e se desenvolver.

Por exemplo, enquanto escrevo este livro, estou enfrentando um desafio que escolhi: o desafio do crescimento. Estou sempre pensando no próximo passo, na minha evolução como empresário, e entendo que, em certos momentos, é preciso pagar um preço. A busca pela expansão do negócio exige uma série de decisões delicadas e estratégicas, e eu e meus sócios tomamos a decisão, consciente, de fazer investimentos significativos para ampliar ainda mais o nosso alcance e relevância no segmento da educação.

Isso nos levou a recorrer a novos empréstimos, o que, de certa forma, impacta o caixa da empresa. Contudo, hoje a situação é bem diferente daquela época em que, ao contrairmos um empréstimo, não tínhamos a certeza de que poderíamos pagar. Nossas decisões agora são baseadas em análises cuidadosas de dados e na confiança adquirida ao longo dos anos. Se antes muitas de nossas ações eram reativas, agora elas partem de um plano estratégico bem elaborado.

Até aqui, você acompanhou meu progresso como empreendedor e a trajetória das quatro primeiras unidades da minha escola: São João, Vilar dos Teles, Nova Iguaçu e São Gonçalo. Cada uma dessas unidades trouxe importantes desafios, mas também me proporcionou muitos aprendizados. Neste capítulo, convido você a acompanhar minha evolução **de dono de escola a empresário do setor de educação** e a descobrir a força da clareza.

Quando me refiro a "dono de escola", quero ilustrar o empresário que, na verdade, não se reconhece como tal, mas apenas como alguém que possui uma escola. O mesmo se aplica a donos de padarias, farmácias, escritórios ou qualquer outro segmento, que não compreendem plenamente seu papel no negócio. O verdadeiro empreendedor deve cultivar a mentalidade de um empresário e, de fato, dedicar-se à gestão de seu negócio, sempre buscando conhecimento para entender cada vez mais a sua empresa, o mercado e suas dinâmicas.

## Subindo a montanha na neblina

Você lembra que projetamos o valor do investimento inicial para abrir a nossa primeira unidade bem abaixo do necessário? O que chegou mais perto foi o Roquette, mas ele foi voto vencido, eu e o Pierre estávamos confiantes em nossas projeções. O resultado você já sabe: tivemos que recorrer a vários empréstimos e corremos o sério risco de quebrar antes mesmo de iniciar as atividades. Eu não recomendo isso a ninguém, mas posso dizer que começamos a subir a montanha com muita emoção e pouca visão. Nós não tínhamos nenhum preparo empresarial.

Quando inauguramos nossa primeira unidade, não sabíamos quantos alunos precisávamos ter para alcançar o ponto de equilíbrio. Na verdade, acho que a gente nem sabia o que era ponto de equilíbrio. A conta que fizemos foi de quantos alunos cabiam nas quatro salas de aula disponíveis na escola para saber quantas matrículas poderíamos fazer. Entendemos que a escola comportava 480 alunos, considerando todos os turnos. Então, pensamos: vamos tentar fechar 480 matrículas. Por sinal, conseguir alunos foi outro grande desafio.

Naquela época, entre 2008 e 2009, o *marketing* digital era embrionário e para poucos. O Orkut era a rede social mais querida e usada. Apesar de já ter chegado ao Brasil, o Facebook era considerado uma

**À medida que sua clareza aumenta, o topo da montanha fica cada vez mais visível, e a jornada em direção aos seus objetivos se torna mais segura e promissora. Essa é a força da clareza!**

rede difícil de usar e só se tornou popular mesmo mais tarde, em 2011. Então, nossas ações de divulgação eram *offline*. Recorremos a carros de som e panfletos para divulgar a escola. Algumas vezes, eu e meus sócios saíamos para panfletar na porta das escolas da vizinhança, na hora da saída, torcendo para os pais dos alunos não perceberem que eram os donos da escola que estavam panfletando.

A formação de preço era outro tema que desconhecíamos. Para chegar ao valor da mensalidade, fizemos uma média com base no valor que nossos concorrentes cobravam. Queríamos que nossa escola fosse a melhor, então decidimos que não poderíamos ser a mais barata. Começamos competindo com a melhor escola da região, que ocupava um quarteirão inteiro, cobrando o mesmo valor de mensalidade.

Na hora de fazer a venda, eu perguntava aos pais: "O que marcou a sua experiência escolar quando você era aluno?". A grande maioria sempre citava um professor. Ninguém falava que adorava o ar-condicionado, ou que tinha uma quadra legal e nem mesmo uma piscina bacana. E então eu falava: "A mensalidade custa esse valor porque aqui a gente investe em pessoas. Nós não temos a melhor quadra, não temos piscina, não temos nada disso. Temos os melhores professores, e vamos entregar um ensino de qualidade ao seu filho".

Intuitivamente, fiz uma análise SWOT* para chegar a essa estratégia, entendendo nossos pontos fracos e ameaças, e trabalhando bem os nossos pontos fortes e oportunidades.

Em determinado momento do nosso primeiro ano de operação,

---

* A Análise SWOT é uma ferramenta estratégica utilizada para identificar e avaliar as Forças, Fraquezas, Oportunidades e Ameaças de uma organização. As Forças e Fraquezas referem-se a fatores internos da empresa, enquanto as Oportunidades e Ameaças referem-se a fatores externos. Essa análise ajuda as empresas a compreenderem seu posicionamento no mercado e a formularem estratégias.

estávamos tentando entender onde estava o dinheiro. Fazíamos uma conta simples: o número de alunos multiplicado pelo valor da mensalidade seria o nosso faturamento. Depois, era só diminuir pelos nossos custos e teríamos determinado valor sobrando. Mas as contas não estavam fechando. Então, lá pelo quinto mês de funcionamento, descobrimos que alguns pais não estavam pagando a mensalidade; ali fomos apresentados à inadimplência.

Não contávamos com um *software* apropriado para a gestão da escola. Tudo era feito em planilhas de Excel, e fazíamos a conciliação bancária de forma manual, o que é muito passível de erro. Iniciamos o negócio sem ter um controle financeiro adequado, descobrimos a inadimplência no meio do caminho e percebemos que isso representava uma grande fatia do nosso faturamento. Estávamos deixando muito dinheiro na mesa.

Ficamos perplexos com a situação. Não contávamos com isso, não tínhamos nenhum indicador de um percentual saudável de inadimplência, estávamos perdidos. É claro que o ideal é que seja zero, mas todo segmento tem a sua taxa média de inadimplência, e a gente ignorava essa informação. O certo seria considerar esse percentual em nosso planejamento financeiro, a fim de ter previsibilidade e minimizar qualquer problema que surgisse no meio do caminho. Mas, naquele momento, só pensávamos em cobrar as mensalidades atrasadas.

Mesmo começando a primeira unidade na emoção, e quase sem razão, o negócio deu certo, como você já sabe. Motivados pelo sucesso e até envaidecidos pelos elogios que recebemos, abrimos a segunda unidade na mesma pegada. Mas eu não entendia que, ao abrir essa segunda unidade, estava aumentando o meu trabalho como técnico e diminuindo como gestor. Como ainda atuávamos como professores em outras unidades da licenciadora e em nossa própria escola, ao assumir mais um compromisso como professor eu me afastava cada vez mais da gestão.

Com a segunda unidade, nossos problemas operacionais também dobraram. A falta de planejamento, de ferramentas adequadas, como sistemas gerenciais, e de um processo bem estruturado acabava causando "incêndios" administrativos que precisavam ser resolvidos imediatamente. Já não tínhamos tempo para nada. A gente tentava minimamente organizar as finanças durante a noite, porque durante o dia sempre estávamos muito ocupados. Entendi que era a hora de buscar ajuda para continuar subindo a montanha.

## A busca de ajuda para enxergar a próxima etapa

No terceiro ano de operação, em 2011, percebi que precisava buscar conhecimento. Estávamos com duas unidades e as questões de impostos me preocupavam. A verdade é que comecei a me sentir perdido. Eu ainda tinha a mentalidade de professor, focado na sala de aula, e a realidade financeira do meu negócio estava nebulosa. No primeiro ano da escola, em nossa primeira unidade, matriculamos 236 alunos, mas, na segunda, esse número caiu para apenas 93. A diferença era muito grande e me peguei na dúvida se realmente sabíamos o que estávamos fazendo. Eu estava em uma bolha, engolido pelos desafios diários, e muitos pontos cegos se tornaram evidentes à medida que fui evoluindo como empresário.

A partir do momento que decidi iniciar minha jornada de desenvolvimento pessoal e profissional, participei de treinamentos e imersões que me ajudaram a ter mais clareza e perceber que eu já fazia muita coisa intuitivamente. Nos primeiros cursos, quando me perguntaram qual era o meu faturamento, minha margem de contribuição, margem de lucro, percebi que não sabia muita coisa e até tinha certa noção de outras, mas não sabia nomear.

Comecei a entender por que algumas estratégias que eu já aplicava funcionavam e por que era importante continuar seguindo aqueles princípios. Dessa forma, passei a agir de maneira consciente e intencional, em vez de reagir por intuição. É curioso como continuei fazendo muita coisa que eu já fazia antes, mas agora com muito mais confiança por saber exatamente o que estava fazendo.

Um empreendedor se sente perdido quando percebe que não tem clareza dos objetivos que deseja alcançar. Quando não temos intencionalidade e consciência das nossas ações, a jornada se torna confusa e desafiadora. A neblina fica mais densa. Então, esse é o ponto que eu penso que faz toda a diferença na caminhada. Quando passo a ter consciência, quando passo a ter intencionalidade na execução das minhas ações, dos meus processos, a neblina começa a se dissipar e consigo enxergar melhor os próximos passos. **A clareza não vai evitar que eu tenha dificuldades ao longo do processo. No entanto, quando eu tenho certeza do que quero e minha visão está clara, não me desespero e nem fico mudando de direção e de estratégia a todo momento. Eu não me perco no meio do caminho, e isso muda o jogo!**

Mas não adianta alcançar essa clareza e não agir. Se você superar a neblina e não der o próximo passo, você não chega ao topo da montanha. Pensando nisso, me vem à mente uma frase, que não lembro bem de quem é: "Existem pessoas obesas de conhecimento e raquíticas na ação". Eu digo que sábio não é quem apenas acumula informações, mas sim quem as coloca em prática. Talvez você tenha conhecido, ao longo de sua trajetória, pessoas muito inteligentes que, por algum motivo, não alcançaram resultados excepcionais ou mesmo compatíveis com o seu conhecimento. Eu conheci algumas pessoas assim, e percebi que o que faz diferença é a habilidade de aplicar o que foi aprendido.

Imagine que eu e você fomos para um treinamento, uma imersão de negócios. Ao concluir o treinamento, você consegue absorver 80% do conteúdo. No entanto, ao retornar ao seu trabalho, você não coloca nada em prática do que absorveu. E todo aquele conteúdo fica apenas nas suas anotações em um caderno esquecido em alguma gaveta. Por outro lado, eu só consegui absorver 10% do treinamento. Volto da imersão e aplico imediatamente a metade de todo conhecimento que adquiri, o que seria equivalente a 5% de todo o conteúdo apresentado. Para quem você acha que a imersão foi mais efetiva? Quem terá melhores resultados após o treinamento?

**No final das contas, não é apenas o quanto sabemos que importa, mas sim o quanto conseguimos aplicar nosso conhecimento e agir para ter resultados.** A cada nova formação, eu me perguntava o que poderia aplicar em minha empresa, na prática, na segunda-feira seguinte. Ter essa clareza e usar o que aprendo de forma intencional e consciente tem feito toda a diferença em minha jornada como empresário.

Passei a identificar os problemas e oportunidades com maior facilidade, entendendo melhor as causas e consequências. Percebi que a clareza e o autoconhecimento caminham juntos, e quanto mais eu me conheço, mais eu sei que preciso me capacitar para continuar evoluindo. A busca pelo conhecimento é contínua, o que vai mudando são os nossos desejos e desafios.

# ENCONTRE SUA FORÇA!

## Pausa para reflexão

No capítulo anterior, fizemos uma pausa para que você refletisse sobre a importância de adquirir conhecimento para impulsionar seu negócio ou carreira. Mas de que adianta acumular informações se elas não se transformam em ação? É hora então de fazer uma pausa e refletir:

Você tem colocado em prática tudo o que aprendeu? Em caso negativo, o que tem te impedido?

Quais hábitos você pode desenvolver ou aprimorar para garantir que o conhecimento adquirido se transforme em ações consistentes?

Suas ações estão alinhadas com seus objetivos? Você se sente confiante em suas decisões ou há dúvidas que precisam ser esclarecidas?

Como você avalia seu progresso até agora? Quais resultados você já conquistou e quais ainda precisa alcançar?

**No final das contas, não é apenas o quanto sabemos que importa, mas sim o quanto conseguimos aplicar nosso conhecimento e agir para ter resultados.**

## Superando a neblina

Em 2007, as fusões e aquisições na área de educação, especialmente no Ensino Superior, aumentaram consideravelmente. Grandes grupos do setor abriram capital, principalmente para receber investimentos de gigantes internacionais. O ano seguinte, 2008, foi marcado como o período com o maior número de transações desse tipo até então. Um pouco mais tarde, a partir de 2015, esse fenômeno começou a acontecer também na Educação Básica.

Nesse mesmo ano de 2015, estávamos fazendo a nossa primeira fusão e aquisição, ao comprar a unidade de São Gonçalo. Esta seria a nossa quarta unidade, depois de termos inaugurado a unidade de Nova Iguaçu, em 2013. Foi nesse cenário que entendi que era preciso jogar um outro jogo, um jogo mais complexo. Eu precisava pensar em gestão, cultura, padronização e expansão.

Até esse momento, eu ainda dava aulas, trabalhava no operacional e também como diretor de unidade. Atuava muito na parte tática, e não tinha ninguém no estratégico. A gente não tinha tempo para pensar e planejar as nossas metas e objetivos, desenvolver a campanha para o próximo ano letivo, e nem mesmo trabalhar a nossa comunicação. A gente fazia tudo isso de maneira intuitiva, e sempre com pressa, sem dedicar a atenção que um bom planejamento merece.

Hoje, entendo que demorei muito para sair do operacional. A ficha caiu principalmente quando adquirimos a escola em São Gonçalo e eu fiquei preocupado com o meu deslocamento de 50 km para ir e depois mais 50 km para voltar dessa unidade. Além da distância, eu teria que enfrentar o trânsito caótico nas principais rodovias do Rio de Janeiro. Eu ainda me via como um professor, e fiquei pensando como eu poderia dividir minha semana. Aí, então, me veio outra questão: *e quando eu tiver cinco, seis, sete unidades...?* Foi aí que eu comecei a mudar minha mentalidade de dono de escola para empresário. Considero que esse foi mais um importante ponto de inflexão em minha jornada.

Eu amava dar aulas! Eu era um bom professor, e os alunos gostavam muito de mim. Eu queria estar ali, no meio deles. Acreditava que esta era também uma maneira de cativar e fidelizar clientes. Mas, ao mesmo tempo, se eu continuasse ocupado com as aulas e trabalhos operacionais, não conseguiria enxergar o próximo passo. Como é que eu vou fazer uma boa gestão financeira, controlar meu fluxo de caixa, entender minha margem de lucro, se eu tenho que dar aulas e resolver outros problemas da escola? Algumas vezes tive que sair da sala de aula e deixar a turma sozinha para poder atender um pai de aluno com algum problema mais sério ou urgente. Eu precisava sair da neblina e enxergar o topo da montanha.

Para ter clareza em um negócio, certamente o primeiro passo é a busca por conhecimento, mas isso também envolve tomar decisões estratégicas. A decisão de sair da sala de aula me proporcionou uma visão mais clara ainda sobre os próximos passos. Entendi que a clareza também deve ser apoiada por ferramentas. Embora tenha decidido assumir uma posição estratégica e tivesse conhecimento suficiente para analisar as finanças da empresa, eu não tinha uma ferramenta que me entregasse relatórios com uma visão gerencial adequada.

Com o crescimento do nosso negócio e a abertura de quatro unidades, era fundamental ter uma rotina clara de gerenciamento financeiro. Testamos alguns programas, mas nenhum deles conseguiu entregar o que precisávamos. Então, em 2017, contratamos um desenvolvedor para criar nosso próprio sistema de gestão. Desenvolvemos uma solução personalizada, de acordo com nossas necessidades, nos permitindo visualizar de maneira clara e precisa a saúde financeira de nossas escolas. Apesar dos desafios iniciais e da falta de controle, ter essa clareza me ensinou que a gestão baseada em dados e informações é essencial para o sucesso de qualquer empresa.

Quando penso sobre minha trajetória, muitas vezes me pergunto como seria a minha jornada se, desde o início, eu tivesse tomado decisões com clareza, baseadas em dados e conhecimento. Será que estaríamos em uma posição financeira mais consolidada? Poderíamos ter expandido mais rápido? Tomamos muitas decisões de maneira impulsiva, e frequentemente nos colocávamos em situações desafiadoras por não ter um planejamento adequado. É importante lembrar que as circunstâncias em que nos encontrávamos há alguns anos eram bem diferentes das atuais. O cenário empresarial mudou consideravelmente, principalmente com a entrada dos grandes *players* estrangeiros. Hoje, a concorrência é mais intensa e não há espaço para amadorismo.

A paixão, a fé e a determinação sempre me moveram, mas nem sempre elas são suficientes para garantir o sucesso. Em nosso caso, acabou dando certo. Enfrentamos várias tempestades, mas continuamos escalando a montanha. A falta de clareza foi compensada com muito esforço e dedicação, mas posso te dizer que não é um caminho que eu recomende. Busque a capacitação e as ferramentas necessárias para abrir, manter ou escalar a sua empresa. Claro, sem abrir mão da determinação, da fé e da paixão pelo seu negócio.

Também não tenho dúvidas de que ter uma família estruturada foi um fator essencial nesse processo. Como já disse anteriormente, a família é um dos meus pilares fundamentais. Saber que, depois de um dia extremamente difícil, eu poderia voltar para casa, para o meu lar, e encontrar a minha esposa e meus filhos me dava muita alegria e uma força inexplicável. Eles recarregam a minha energia; é por eles que eu me desafio todos os dias para saber até onde vai a minha força. Cada conquista, pequena ou grande, é compartilhada com eles, e a cada dificuldade que enfrento sei que tenho a confiança e o apoio da minha família. Eles me motivam e me inspiram a seguir em frente!

## Visualizando o topo da montanha

Considero que os seis primeiros anos da empresa — da primeira à quarta unidade — foram um longo período de preparação para que pudéssemos reunir força, conhecimento e as ferramentas necessárias para visualizar o topo da montanha e planejar o caminho a partir dali. Com a clareza que conquistei, entendi que poderia ter planos mais ousados. O fato de conseguir fazer a gestão da unidade São Gonçalo a distância e implantar a nossa cultura, me permitiu pensar em expansão. O próximo passo seria deixar de ser uma escola licenciada e ter a nossa marca própria que, internamente, já estava consolidada.

Era chegada a hora de colocar força máxima e buscar o crescimento exponencial!

# COLOQUE FORÇA MÁXIMA AQUI

A jornada da clareza é como escalar uma montanha: cheia de desafios, descobertas e momentos de transformação. Para entender como adquirimos novas habilidades e conhecimentos, vou fazer uma analogia com a teoria dos 4 Estágios do Aprendizado, desenvolvida por Noël Burch nos anos 70, embora seja também frequentemente atribuída a Abraham Maslow.

Essa teoria é uma ferramenta valiosa para qualquer pessoa que busca desenvolver suas competências e, essencialmente, alcançar clareza em sua trajetória. Os quatro estágios descritos por Burch se entrelaçam perfeitamente com a ideia de clareza:

**Incompetência Inconsciente:** neste estágio, você não tem consciência de que não sabe algo. É um período de ignorância, onde a falta de conhecimento não é percebida.

Você está como um alpinista na base da montanha, sem saber quão desafiador será o caminho. Você não sabe que habilidades são necessárias para começar a escalar. Aqui, a clareza é inexistente, e você nem sequer percebe que precisa se preparar.

**Incompetência Consciente:** aqui, você se torna ciente de sua falta de habilidade, reconhecendo que precisa aprender e se desenvolver.

Ao avançar para este estágio, a neblina começa a se dissipar e você se dá conta de que não sabe como escalar a montanha. A clareza começa aqui, pois você reconhece a necessidade de aprender e crescer. Essa consciência pode ser desconfortável, mas é um passo essencial para continuar a jornada.

**Competência Consciente:** neste estágio, o aprendiz começa a dominar a habilidade, mas ainda precisa se concentrar em cada passo do processo.

No terceiro estágio, você adquiriu algumas habilidades, mas ainda precisa se concentrar intensamente em cada passo enquanto escala a montanha. Você ainda precisa lembrar dos movimentos e pensar em quais ferramentas utilizar. É aqui que a prática e a determinação se tornam fundamentais para progredir.

**Competência Inconsciente:** finalmente, no último estágio, a habilidade se torna automática. O aprendiz consegue executar a ação com facilidade, sem precisar pensar conscientemente em cada movimento.

Ao atingir este estágio, a habilidade se torna automática. Você agora escala a montanha com maestria, conversando e apreciando a vista ao mesmo tempo. **A clareza atinge seu ápice: você não apenas entende como executar a tarefa; você a realiza de forma fluida, com confiança e facilidade.**

Entender esses estágios é extremamente útil para qualquer empreendedor ou profissional em sua jornada. O primeiro passo para alcançar a clareza é o autoconhecimento. Portanto, te convido a refletir e colocar força máxima nas seguintes questões:

**Em qual estágio da Teoria dos 4 Estágios do Aprendizado você se encontra atualmente e como isso está impactando sua capacidade de agir com clareza na sua jornada empreendedora?**

**Quais são as habilidades ou conhecimentos que você reconhece que precisa desenvolver para "despertar" sua clareza e avançar para o próximo estágio?**

**Você está consciente das decisões que precisa tomar para transformar suas intenções em ações efetivas, ou ainda se sente perdido na neblina da incerteza?**

> **"A mente que se abre a uma nova ideia jamais voltará ao seu tamanho original."**
>
> *Albert Einstein*

ATLETA
UPLIFE
COLÉGIO
FORÇA
MÁXIMA

CAPÍTULO 5

# FORÇA MÁXIMA
# A FORÇA DA CULTURA DE UMA MARCA

Metodologia MÁXIMA

Pilar **MARCA**

Desde pequeno, a ideia de força me fascinava. Lembro como se fosse hoje dos tempos em que eu, franzino, fazia sempre a mesma pose para tirar fotos: braços tensos — tentando mostrar um bíceps que mal existia —, um sorriso determinado e a busca infantil por uma força que existia apenas na minha imaginação. Era a pose dos super-heróis. Uma atitude ingênua, mas carregada de um desejo profundo: a vontade de superar limites, de alcançar o meu potencial máximo.

Imagem 4: Ao lado da minha mãe e da minha irmã, fazendo a clássica pose do 'menino forte': braços tensionados, expressão séria e a fantasia de ser um super-herói. Fonte: arquivo pessoal do autor.

Mal sabia eu que essa fixação pela força, anos depois, daria nome àquilo que se tornaria um dos maiores desafios da minha vida profissional: a transição da nossa escola de uma marca licenciada para uma marca própria. A verdade é que a marca licenciada nunca me satisfez completamente. Era como usar uma roupa que não me servia, apertada aqui, folgada ali. Faltava a minha identidade, a minha marca, a minha "força".

Sempre me doei muito em tudo o que fiz, sempre dei meu máximo buscando a alta *performance*, e foi justamente pensando nisso — e lembrando das minhas antigas fotos quando criança, onde eu me esforçava para parecer forte — que surgiu o nome que eu gostaria de dar à minha escola: **FORÇA MÁXIMA**.

A criação da marca própria foi mais do que uma mudança de nome; foi a formalização do jeito de ser da nossa escola. Força Máxima representa a promessa de que estamos aqui para desafiar limites e inspirar cada aluno a descobrir até onde realmente pode ir, a encontrar a sua própria força e explorar todo o seu potencial.

A educação — especialmente a educação básica, que engloba os ensinos fundamentais e médio — é uma área muito complexa. Quando me tornei professor, entendi que eu tinha um papel extremamente relevante na formação de um indivíduo. É uma fase não apenas de construção de conhecimento, mas também de construção de caráter. Quando os pais procuram uma escola para seus filhos, eles dividem os sonhos daquela família com a instituição que escolhem. Educar é uma grande responsabilidade.

Desde a inauguração da nossa primeira unidade, cultivamos um clima de família, o que inspirou o nosso *slogan*: "Mais que um colégio, uma família". Um de nossos pilares é eliminar barreiras entre alunos, professores, direção, famílias e colaboradores, pois acreditamos que a escola é, de fato, uma extensão da família — um espaço onde a educação recebida em casa é complementada e enriquecida.

Nosso propósito é preparar nossos alunos para os desafios do mundo atual, desenvolvendo neles competências essenciais para a vida e a carreira. Nosso compromisso vai além da preparação para os principais concursos, formamos indivíduos prontos para enfrentar a vida adulta com confiança, responsabilidade e autonomia. Com foco em habilidades como pensamento crítico, colaboração e resiliência, oferecemos uma educação completa que prepara nossos alunos para construir um futuro de sucesso. Esse é o jeito FORÇA MÁXIMA de ensinar!

A gente transbordava esse jeito de ser. A atmosfera que criamos como equipe contagiava as famílias. Era comum ouvir as pessoas falarem, com um sorriso no rosto, sobre o clima agradável que sentiam em nossa escola. Os alunos se sentiam valorizados e felizes por estarem ali. Todos nós compartilhávamos um objetivo comum: impactar de verdade a vida daqueles jovens e crianças.

Estávamos comprometidos em oferecer a melhor educação possível, e isso se refletia em cada interação. Dedicávamos tempo para conversar com cada aluno e suas famílias, para entender seus objetivos e ajudá-los a realizar seus sonhos. Esse trabalho personalizado continua fazendo de nossa escola um lugar muito especial!

## A semente de algo maior

Vivenciamos essa cultura intensamente durante os primeiros anos nas unidades licenciadas de São João e Vilar dos Teles. Nossos índices de aprovação em concursos e vestibulares se destacavam como os melhores da rede, e nossos alunos demonstravam um alto nível de satisfação. Com o tempo, percebemos que nossa escola estava se tornando mais forte do que a instituição que nos licenciou. Apesar de compartilharmos a mesma marca, ficou claro para nós que éramos diferentes e que precisávamos destacar essa diferenciação e identidade própria.

Para contextualizar, vou trazer aqui uma definição de cultura organizacional de um artigo disponível no *site* do Sebrae, intitulado "Cultura organizacional: o que é, como se forma e meios de fortalecer". Essa definição ajudará a entender a importância da cultura na construção e no fortalecimento da identidade de uma marca.

> Cultura é o resultado de como as pessoas interagem entre si em um ambiente organizacional e como esse ambiente e as interações evoluem e se consolidam através de ritos, sentimentos, percepções, comportamentos e outras questões compartilhadas. Quando uma empresa apresenta uma cultura fraca — não existe algo como bom ou ruim, apenas forte e fraco — ela é como uma sopa com 29 ingredientes que tem um gosto diferente, mas você não sabe bem o porquê. É o resultado de uma grande mistura sem consistência! Quando ela tem uma cultura forte é como se houvesse uma assinatura muito característica, de forma que até quem não trabalha lá é capaz de dizer "nossa, você trabalha na empresa X, não é mesmo? Parece muito com você". (Sebrae, 2023)

**A nossa cultura não fica escrita em um quadro bonito pendurado na parede. Ela é a nossa essência!**

As pessoas percebiam o nosso jeito único de ser, e assim, decidimos adotar o termo Força Máxima. Começamos a usar o nome em uma iniciativa com alguns estudantes do Ensino Médio. Os dez melhores alunos de cada turma eram convidados a fazer parte de um programa especial, que oferecia aulas gratuitas aos sábados, com foco em prepará-los para conseguir as melhores colocações nos vestibulares. Esses alunos recebiam um uniforme exclusivo, com uma blusa personalizada, sinalizando que faziam parte da turma Força Máxima.

Como mais um passo em direção à diferenciação, começamos a utilizar o termo "Força Máxima" abaixo do logotipo da marca licenciadora em nossas três unidades: São João, Vilar dos Teles e Nova Iguaçu. Isso transmitia a mensagem de que, dentro daquela marca, havia um grupo especial chamado Força Máxima, e que essas três unidades eram as mais fortes, as que mais aprovavam. E, de fato, elas eram!

Percebendo que esse movimento estava ganhando força e que, em algum momento, precisaríamos mudar o nome da escola, decidi registrar a marca Força Máxima no INPI*. Então, quando entrei na sociedade para abrir a unidade em Nova Iguaçu, embora continuássemos usando a marca da licenciadora, essa escola já foi registrada com a razão social Colégio Força Máxima.

No entanto, essa transição de marca licenciada para marca própria não aconteceu exatamente quando desejávamos, e isso trouxe uma grande lição.

## Um aprendizado importante

Quando adquirimos o licenciamento no final de 2008, assinamos um contrato com validade de cinco anos. Na primeira semana de dezembro de 2013, perto do fim do prazo do contrato, decidi conversar com o proprietário da escola licenciadora para comunicar que não tinha interesse em renovar a licença. Para minha surpresa, ele me informou que o contrato já havia sido renovado automaticamente. Essa renovação estava prevista em uma cláusula que estipulava que caso nenhuma das partes se manifestasse até seis meses antes do término do contrato, a licença seria prorrogada por mais um período.

Até tentei argumentar, mas sua explicação fez sentido. Naquele momento, ao final do ano letivo, muitos alunos já haviam renovado

* Instituto Nacional da Propriedade Industrial (INPI) é uma autarquia federal brasileira responsável por registrar e proteger marcas, patentes, desenhos industriais e outros direitos de propriedade industrial.

**A nossa cultura não fica escrita em um quadro bonito pendurado na parede. Ela é a nossa essência!**

suas matrículas e outros tantos estavam se matriculando, todos sob a marca da escola licenciadora exibida na fachada. Eles haviam assinado contratos para o próximo ano com aquela marca, não com o Colégio Força Máxima. Por isso, a necessidade de aviso prévio de seis meses era necessária, pois assim teríamos tempo para realizar toda a campanha de matrículas, já considerando a transição e o uso da nova marca.

Mesmo considerando que já estávamos prontos para assumir nossa própria identidade, tivemos que continuar com a marca licenciada. Isso foi frustrante, mas também um grande aprendizado. Eu não analisei o contrato com a devida atenção, não percebi esse detalhe da renovação automática. Da mesma forma, não me atentei ao fato de criar uma campanha já considerando o novo nome da escola. Ou seja, de maneira geral, eu não fiz um planejamento adequado para essa virada de marca naquele momento.

Muitos empreendedores, quando iniciam um negócio, não se preocupam com a parte jurídica, com gestão financeira e nem mesmo com organização e processos. O empreendedor está preocupado em vender, e muitas vezes também faz isso de forma desordenada. Ele só contrata um advogado quando precisa resolver alguma questão e só olha para o financeiro quando falta dinheiro. Isso aconteceu com a gente, e, agora, como mentor de outros empresários, percebo que essa situação é mais comum do que se imagina — e, infelizmente, pode levar a complicações desnecessárias.

Eu já fui um pequeno empreendedor e entendo bem como os recursos são limitados. No entanto, o avanço da tecnologia trouxe uma série de ferramentas, muitas delas gratuitas ou de baixo custo, que podem fornecer o suporte que o seu negócio precisa, tanto nas operações do dia a dia quanto nas tomadas de decisões. Além disso, o volume de informações disponíveis aumentou exponencialmente, sem mencionar o advento da inteligência artificial, que, se bem utilizada, pode se tornar uma ferramenta essencial para muitos empreendedores. Portanto, antes de tomar decisões importantes na sua empresa, faça um planejamento que considere diferentes cenários. Busque todas as informações necessárias e, se possível, contrate uma assessoria especializada para orientar seu caminho.

Eu aprendi a lição e, apesar de não ter sido possível trocar o nome da marca naquele momento, nossa identidade como Força Máxima estava se fortalecendo a cada dia. Eu tinha a certeza de que a validação de nossa cultura estava prestes a acontecer definitivamente.

## ENCONTRE SUA FORÇA!

### Pausa para reflexão

Reconheço que, na minha jornada como empreendedor, alguns tropeços foram inevitáveis. Um deles, uma falha importante, foi a negligência na análise do contrato de licenciamento. Ao idealizar a marca Força Máxima, não me atentei aos prazos contratuais e também não planejei adequadamente o lançamento da campanha de matrículas com a nova identidade, que deveria acontecer com antecedência.

Esses erros, assim como outros que inevitavelmente surgiram no caminho, nunca me definiram. Nunca me paralisaram.

Acredito que o erro, quando bem compreendido, se transforma em uma poderosa ferramenta de aprendizado e evolução. Isso não significa minimizar a importância de evitar falhas. Pelo contrário. Cada erro serve como um alerta, um incentivo para me preparar ainda mais, para buscar a excelência e, consequentemente, reduzir a probabilidade de novos tropeços.

A grande questão, a reflexão que quero compartilhar com você, não é sobre evitar o erro a qualquer custo — o que, convenhamos, é utópico —, mas sim sobre a nossa capacidade de lidar com ele. É sobre cultivar a resiliência, manter o equilíbrio emocional e manter a autoconfiança mesmo quando uma falha nos coloca diante de um aparente beco sem saída. **A verdadeira força não está em nunca cair, mas sim em levantar a cada tombo, mais forte e mais sábio.**

Diante de um erro, qual é a sua reação instintiva? Você tende a se culpar o tempo todo, a buscar culpados externos ou a analisar a situação com objetividade em busca de soluções? Como essa reação impacta a sua capacidade de superar o erro e seguir em frente?

Em seu negócio (ou em sua vida), existe algum erro passado que ainda te impede de avançar? Como você pode ressignificar esse erro e lidar com ele de forma construtiva?

Como você pode promover uma cultura que incentive a experimentação, a inovação e a aprendizagem, onde o erro não seja visto como um fracasso, mas como uma oportunidade de crescimento e desenvolvimento?

## O movimento mais importante da minha trajetória

Em 2015, quando adquirimos o Colégio Califórnia, em São Gonçalo, ainda estávamos operando sob a marca da licenciadora. Essa unidade foi nosso grande laboratório, um espaço ideal para implantar nossa cultura e testar a padronização dos nossos processos. No segundo semestre do ano letivo seguinte, em 2016, já conseguíamos gerenciar a escola a distância, funcionando exatamente como as outras unidades. Claro que realizávamos visitas frequentes para garantir que o jeito Força Máxima de ensinar estivesse presente em cada detalhe.

A experiência com o Colégio Califórnia foi um divisor de águas, um marco para o nosso plano de expansão. O fato de conseguir padronizar os processos e disseminar a nossa cultura à distância abriu meus olhos para um novo horizonte: o modelo de franquias. Se conseguimos fazer isso em São Gonçalo, pensei, podemos levar o Força Máxima para qualquer lugar. No entanto, para adotar o modelo de franquias, eu precisava ter uma marca própria. Assim, no segundo semestre de 2016, tomei uma decisão importante: rescindi o contrato de licenciamento, mesmo pagando uma multa, e iniciamos a transição para o Colégio Força Máxima.

Contratei uma empresa para criar uma identidade visual completamente nova, rompendo totalmente com o passado. A marca licenciada usava as cores laranja e preto, enquanto o Força Máxima nasceu azul e verde. Não aproveitamos absolutamente nada da identidade anterior, foi uma mudança radical. Ainda em meados de 2016, demos início a um intenso trabalho de *marketing*, lançando a campanha para o ano letivo de 2017. Dessa vez, eu estava fazendo tudo como deveria ser feito.

O grande desafio dessa campanha seria comunicar a mudança de marca reforçando que a nossa essência permanecia a mesma. Criamos uma campanha incrível: "Eu sou Força Máxima". E quem foram os protagonistas dessa campanha? Nossos próprios professores e alunos. Gravamos vários vídeos e investimos pesado em *marketing* digital, com campanhas publicitárias mais profissionais. A mensagem central era clara: "Eu sou Força Máxima". Um professor querido pelos alunos entrava em cena e dizia: "Eu sou Força Máxima". Em seguida, outro: "Eu sou Força Máxima". E assim por diante, criando uma corrente positiva. O objetivo era tranquilizar os pais e alunos sobre as mudanças. Queríamos mostrar que, apesar de ter um novo nome, continuaríamos sendo a mesma escola, com a mesma qualidade de ensino.

Para reforçar ainda mais essa mensagem, convidávamos os alunos que renovavam a matrícula para gravar um vídeo dizendo: "Eu já sou Força Máxima". E assim fizemos. Humanizamos a nossa comunicação e criamos uma campanha autêntica e envolvente. A transição de marca e todo o movimento que fizemos foram um sucesso absoluto.

Muita gente me chamou de louco (mais uma vez...), afinal, a marca que usávamos antes era forte e ainda tinha grande relevância no mercado. Começar uma marca nova, desconhecida, parecia arriscado. Acontece que essa foi a melhor escolha que eu fiz!

O logotipo, representado por uma árvore e um raio, também gerou críticas. Alguns diziam que o raio parecia estar caindo na árvore, transmitindo uma imagem negativa. Mas a nossa defesa era clara: a árvore representa o conhecimento, e o raio, a força. Força no conhecimento. Essa era a nossa mensagem, a nossa simbologia.

Apesar das críticas e dos comentários de que eu estava cometendo uma loucura ao abandonar uma marca consolidada, a mudança para o Força Máxima deu muito certo. Começamos a construir um posicionamento de marca sólido, um *branding* forte, com altos índices de aprovação e diferenciação no atendimento. Professores e funcionários estavam felizes e satisfeitos, assim como os alunos, que continuavam sendo aprovados nos concursos e vestibulares.

## ENCONTRE SUA FORÇA!

### Pausa para reflexão

Quando estamos no caminho para realizar nossos sonhos, as críticas são inevitáveis. Em algumas ocasiões, aqueles ao nosso redor podem achar nossas ideias loucas ou perigosas e tentam nos desencorajar a seguir um caminho que, para eles, parece arriscado. Muitas vezes, essas pessoas não fazem isso por mal; elas simplesmente não estão enxergando o que estamos vendo ou não possuem a coragem e a autoconfiança que temos para enfrentar esse desafio.

No entanto, se você tem convicção em seu plano e acredita em sua capacidade, deve seguir em frente com determinação. Não se trata de teimosia cega, mas de uma confiança fundamentada em um bom planejamento e em uma visão clara do seu objetivo. Persistir, mesmo diante das críticas, pode ser a diferença entre o sucesso e o arrependimento de não ter tentado.

Quando foi a última vez que você teve uma ideia que foi criticada, mas que você sentia ser a escolha certa? Como você reagiu?

De que forma você avalia se a crítica é construtiva ou apenas uma expressão de dúvida sem fundamento?

Como você se mantém fiel aos seus objetivos, mesmo quando as críticas parecem dominar o ambiente ao seu redor?

## Rumo à expansão

Em 2017, iniciamos a operação sob a marca Colégio Força Máxima, com quatro unidades saudáveis e operacionalmente lucrativas: São João, Vilar dos Teles, Nova Iguaçu e São Gonçalo. A partir desse momento, o plano de expansão por meio de franquias se tornou ainda mais concreto. Já contávamos com uma marca reconhecida por nossos professores, funcionários e clientes, e conseguimos implantar nosso jeito de ser em todas as unidades até então. Além disso, a experiência prática de gerenciar a distância foi a prova de que nosso modelo realmente funcionava. Isso me trouxe uma sensação de liberdade! Fiquei muito entusiasmado com a ideia de franquias.

Nessa época, eu já acompanhava, pelas redes sociais, o Flávio Augusto, fundador da Wise Up, uma rede de escolas de inglês, que se tornaria o autor do livro que citei no capítulo 2, "Ponto de Inflexão". Eu observava sua trajetória, e ele falava muito sobre franquias. A Wise Up foi vendida entre 2012 e 2013 para o grupo Abril Educação (que mais tarde se tornaria Somos Educação) por cerca de 900 milhões de reais. Posteriormente, em 2015, Flávio Augusto recomprou a Wise Up da Somos Educação por aproximadamente 400 milhões de reais.

Toda essa movimentação, envolvendo cifras altíssimas, despertou minha curiosidade e interesse por esse modelo de negócios. "Dá para formatar o Força Máxima no modelo de franquia", pensei. Na minha cabeça, se o Flávio Augusto, com um curso de inglês — que considero um investimento menor comparado a um colégio — havia construído um império bilionário, eu também poderia alcançar grandes resultados, desde que alcançasse uma escala interessante. Aquilo me motivou bastante. Vi que era possível crescer, e crescer muito.

O modelo de franquias é uma estratégia de expansão de negócios na qual o detentor de uma marca, produto ou serviço (franqueador) concede a terceiros (franqueados) o direito de utilizar sua marca, *know-how*, sistema de operações e outros elementos do negócio. Nesse modelo, os franqueados pagam uma taxa inicial (taxa de franquia) e, frequentemente, taxas contínuas (*royalties* e taxa de publicidade), em troca de suporte, treinamento e o direito de operar sob a marca da franqueadora.

Ao contrário do licenciamento, onde apenas o direito de uso da marca ou produto é cedido e o licenciado tem mais liberdade em sua operação, o franqueado deve seguir rigorosamente os padrões e diretrizes estabelecidos pela franqueadora. O modelo de franquias permite uma expansão mais rápida, mais escalável e com menor investimento inicial para o franqueador. Ao mesmo tempo, oferece ao franqueado a oportunidade de iniciar um negócio com potencial de lucratividade desde o início da operação e com um risco relativamente menor, aproveitando uma marca já consolidada e um sistema de operação já testado e validado.

Mas como dar forma a esse projeto? Precisávamos de um direcionamento claro. Fiz algumas pesquisas na ABF — Associação Brasileira de Franchising, e descobri que não havia nenhuma escola no sistema de franquias. Então, pensei: "Será que não tem porque não é possível ou porque nunca tentaram?". Busquei mais conhecimento sobre o tema e conheci o Grupo Cherto, uma referência no mercado de *franchising* no Brasil. A Cherto foi a primeira consultoria especializada em franquias na América Latina, e seu fundador, Marcelo Cherto, foi um dos cofundadores da ABF. Sem dúvidas, estaria em boas mãos.

Contratamos a consultoria da Cherto, que nos guiou durante toda a transição, desde a análise da viabilidade do modelo de franquias para a nossa escola e o mapeamento de processos e análise financeira até a formatação da franqueadora. Antes de dar início à consultoria, optei por fazer o curso da Franchise University, oferecido pelo grupo Cherto, para entender profundamente o universo das franquias. Isso foi fundamental, pois a cada etapa da consultoria, eu já tinha uma visão geral do processo, o que me permitiu participar ativamente da formatação da franqueadora.

A essa altura, a unidade de Vilar dos Teles, aquela que havia inaugurado com um número de alunos bem abaixo do esperado, se tornara a maior e mais consolidada escola da rede, com mais de mil alunos matriculados. Por esse motivo, escolhemos essa unidade para ser a matriz e a franqueadora do Colégio Força Máxima. Dessa forma, nos tornamos a primeira escola associada à ABF a adotar o modelo de franquias no Brasil.

Enquanto planejávamos a captação de franqueados — pessoas interessadas em investir em uma unidade da nossa escola —, recebi o contato de um amigo. Camilo, juntamente com seu sócio Fernando, tinha sua própria escola e estava acompanhando todo o nosso movimento de mudança de marca. Em uma conversa, ele me perguntou:

"Jhonatan, como faço para me tornar Força Máxima? Você vai licenciar sua marca?". Expliquei a ele que, na verdade, estávamos adotando o modelo de franquia, que incluía uma padronização rigorosa: fachada, uniforme, material didático, provas — tudo isso seria desenvolvido pela franqueadora e seguido à risca pelo franqueado. Além disso, o franqueado teria diretrizes específicas a seguir e seria responsável por replicar o jeito Força Máxima de ensinar.

Em meados de 2017, Camilo e Fernando assinaram o contrato e se tornaram os primeiros franqueados do Colégio Força Máxima. Foi o início de uma transformação histórica para nossa marca. Em 2018, a unidade deles começou o ano com um crescimento de aproximadamente 50%, e isso não apenas em número de alunos, mas um crescimento impressionante também na lucratividade, pois implementamos novos produtos e reposicionamos de forma considerável o *ticket* médio das mensalidades e do material didático.

Confiantes em nossa metodologia, eles decidiram abrir uma segunda unidade no ano seguinte. Em 2019, além de inaugurarmos essa nova unidade franqueada, realizamos um marco pessoal: abrimos uma unidade própria em Duque de Caxias, a cidade onde cresci. O sonho de expandir e levar o nosso jeito único de educar estava se tornando realidade.

De 2020 em diante, nosso ritmo de crescimento acelerou. Todos os anos, inauguramos novas unidades, sejam próprias ou franqueadas. Hoje, enquanto escrevo este livro, já contamos com 17 escolas em operação, além de outras unidades vendidas, que estão em fase de implementação. Para garantir o padrão de qualidade e *performance* que é a essência do Força Máxima, desenvolvemos nosso próprio material didático e metodologia, criados pelos professores que vivem o dia a dia das nossas salas de aula. Esse material, além de atender às nossas unidades, também é utilizado por escolas parceiras e redes municipais.

Nosso impacto não parou por aí. Com o crescimento da rede, fundamos também a Editora Força Máxima, que distribui nossa metodologia para todo o Brasil. E, como parte da missão de fortalecer a educação, criamos o Congresso Educativa, o maior evento de educação do Rio de Janeiro, que já reuniu mais de mil gestores em um único dia. Nesse congresso, entregamos conteúdos estratégicos sobre gestão e crescimento, ajudando a transformar a educação em todo o país.

Com todo esse cenário, a certeza de que podíamos replicar nosso modelo, nosso jeito Força Máxima de ensinar em qualquer lugar, me trouxe um enorme sentimento de realização e gratidão. Tudo valeu a pena! As noites em claro, as dúvidas iniciais sobre o futuro do negócio, as críticas, os desafios... tudo isso se transformou em aprendizado e experiência, me deixando mais forte. A jornada não foi fácil, mas a convicção de que estávamos construindo algo grandioso sempre me motivou a seguir em frente.

A cada etapa vencida, a cada vez que eu conseguia enxergar um pouco mais longe e com mais clareza, minha convicção de que estava vivendo meu propósito se fortalecia ainda mais.

Hoje, ver o Força Máxima expandindo seus horizontes e impactando positivamente a vida de tantos alunos é a minha maior recompensa. É a prova de que perseverar em nossos sonhos, mesmo diante das adversidades, sempre vale a pena. E essa sensação de impacto e mudança é o que realmente me motiva a continuar crescendo e evoluindo, não apenas para deixar um legado na educação, mas também para inspirar outras pessoas a fazerem o mesmo em suas próprias jornadas.

# COLOQUE FORÇA MÁXIMA AQUI

A minha jornada com o Colégio Força Máxima não se resume aos desafios superados, ao número de unidades ou ao sucesso financeiro. Ela é, acima de tudo, a história da construção de uma cultura forte e autêntica, baseada em valores e transmitida com paixão por cada líder e por todo o nosso time.

Desde o início, mesmo antes da formatação da franquia, a nossa identidade já era clara: uma energia contagiante, intensidade em tudo o que fazemos, um jeito próprio de ensinar e uma crença inabalável no potencial de nossos alunos. Essa cultura, que se manifesta no atendimento, na relação com os estudantes, na forma como os professores se engajam e na busca constante pela excelência, foi o verdadeiro motor do nosso crescimento. Mais do que um nome, o Força Máxima representa uma experiência única, um ambiente onde o aprendizado se encontra com a paixão, a motivação, a alta *performance* e uma rede de apoio aos alunos e suas famílias.

A transição da marca licenciada para a marca própria foi um ato de coragem, mas também uma declaração de identidade. Assumimos quem éramos, com nossas cores, nossa logo e, principalmente, com a nossa cultura. E mesmo diante das críticas e da descrença de muitos, seguimos em frente, confiantes de que estávamos no caminho certo. Acreditar na sua visão e defender seus valores, mesmo quando outros duvidam, é fundamental para construir uma marca forte.

A minha marca pessoal também foi moldada nesse caminho. **Sua marca pessoal é a sua reputação, a sua história e a sua promessa para o mundo**. Ela também deve ser definida por aquilo que você acredita e deseja transmitir. Meus princípios e valores estão totalmente alinhados com os da minha empresa. Eu vivo o meu propósito e, como consequência, vivo a cultura da empresa e a transmito com paixão.

A lição principal que quero deixar neste capítulo é que a cultura de uma empresa e a marca pessoal são ativos muito poderosos, capazes de impulsionar qualquer negócio, independentemente do seu tamanho ou segmento. A cultura que você cria, seja em sua empresa ou em sua vida pessoal e profissional, é o que molda a forma como as pessoas o percebem e se conectam com você. Isso se torna ainda mais importante em um ambiente cada vez mais competitivo, onde uma marca autêntica se destaca e atrai oportunidades.

Agora, convido você a aplicar essa reflexão em sua própria vida. Abaixo, você encontrará perguntas e exercícios projetados para te ajudar a explorar e fortalecer a cultura da sua empresa e sua marca pessoal. Reserve um tempo para pensar sobre cada uma dessas perguntas e fazer os exercícios.

## Perguntas para Reflexão:

Qual é a essência da sua marca pessoal? Quais valores você deseja transmitir ao mundo?

A cultura da sua empresa reflete verdadeiramente a sua identidade e os seus propósitos?

Como você tem cultivado e fortalecido a sua marca pessoal e a cultura da sua empresa? Quais ações você tem tomado?

Quais pontos fortes da cultura da sua empresa podem ser usados em uma estratégia de divulgação da sua marca?

Que ações você pode implementar a partir de agora para alinhar seu comportamento e suas escolhas com a marca que deseja construir?

## Exercícios:

**Defina seus valores:** Liste de três a cinco valores que você considera mais importantes e que norteiam suas ações. Como esses valores se manifestam na sua vida pessoal e profissional?

**Escreva sua missão pessoal:** Reserve alguns minutos para descrever, em uma frase ou parágrafo curto, qual é a sua missão pessoal. O que você espera alcançar e como deseja impactar as pessoas ao seu redor?

**Analise a cultura da sua empresa:** Descreva em detalhes como é o ambiente de trabalho, a relação entre os colaboradores, a forma como os clientes são atendidos e os valores que são priorizados. Identifique os pontos fortes e os pontos que precisam ser melhorados.

**Crie um plano de ação:** Com base na análise da cultura da sua empresa, elabore um plano de ação com medidas concretas para fortalecer e alinhar a cultura da empresa com os seus colaboradores e com a sua marca pessoal. Defina metas, prazos e responsáveis.

**Pesquisa de percepção da cultura:** Realize uma pesquisa interna com seus colaboradores e/ou clientes para entender como eles percebem a cultura da sua empresa. Utilize os resultados para ajustar suas estratégias.

**Pesquisa de percepção da marca pessoal:** Pergunte para as pessoas mais próximas a você — amigos, familiares, colegas de trabalho — quais são as cinco principais características que elas percebem em você. O que elas consideram seus pontos fortes e quais áreas podem ser melhoradas? Identifique as respostas em comum e reflita se é essa a imagem que você quer transmitir.

CAPÍTULO 6

# A VIDA, ÀS VEZES, BATE COM FORÇA

Metodologia MÁXIM**A**

Pilar **ACREDITAR**

Na virada de 2019 para 2020, conseguimos alcançar todas as nossas metas. Com sete unidades em operação, duas delas franqueadas, estávamos prontos para abrir mais três — duas próprias e uma franquia. Em todas as unidades, excedemos as expectativas financeiras e de número de matrículas. Estávamos vivendo o melhor período da história da empresa.

Lembrando de todos os desafios que enfrentamos, como aquela vez em que precisávamos de recursos para completar uma obra dias antes da inauguração, parecia que eu estava vivendo um sonho naquele momento. E, de fato, era. Um sonho que foi sonhado, mas também foi planejado e construído. A cada novo sonho, eu me preparava de forma equivalente. E cada vez que me sentia mais preparado, eu ousava sonhar mais alto. Esse continua sendo meu mantra: sonhar, planejar, preparar, realizar.

Com o surgimento dos grandes grupos educacionais, principalmente com investimento estrangeiro, ficou claro para mim que a única maneira de sobreviver no mercado seria crescer para enfrentar a concorrência. Adotamos um plano de expansão que incluía tanto unidades próprias quanto franqueadas. A escola de Caxias foi inaugurada não só para ser mais uma unidade, mas também para servir como modelo de excelência para nossas futuras franquias. Analisamos detalhadamente todos os investimentos, tempos de retorno e outros indicadores financeiros para que nossos futuros parceiros se sentissem seguros em investir em uma franquia do Colégio Força Máxima.

No início de 2020, estávamos animados com as conquistas alcançadas e uma forte sensação de crescimento nos motivava. No entanto, esse entusiasmo foi logo desafiado por notícias preocupantes sobre um vírus surgido em Wuhan, na China. Quando a Organização Mundial da Saúde (OMS) emitiu alertas sobre a disseminação do coronavírus, um sentimento de apreensão começou a se instalar em nós.

Fevereiro chegou exigindo atenção redobrada. Nos aeroportos, a vigilância foi intensificada, e protocolos foram estabelecidos para identificar possíveis infecções. Eu acompanhava tudo com curiosidade e preocupação, já percebendo que o impacto poderia ser significativo. O vírus se espalhava rápido, alcançando países vizinhos, transformando o que até então parecia um problema distante em uma ameaça iminente ao nosso dia a dia. No final do mês, a ameaça se concretizou com a confirmação do primeiro caso de covid-19 no Brasil: um homem que havia retornado da Itália, um dos primeiros epicentros da doença. A realidade, brutal, batia à nossa porta.

Em meados de março, o Ministério da Saúde reconheceu a transmissão comunitária em todo o território nacional, com casos se espalhando por diversas regiões. O número de infecções cresceu rapidamente, e medidas preventivas emergenciais foram adotadas país afora. Escolas e universidades fecharam suas portas, e nos corredores antes cheios de vida havia agora um silêncio ensurdecedor. Eventos foram cancelados, encontros adiados, abraços inesperadamente suspensos. O distanciamento social, uma expressão até então desconhecida, tornou-se a nova regra.

## Um período de aflição, tristeza e incertezas

Foi uma fase extremamente desafiadora. Muita gente perdeu entes queridos — familiares e amigos. Nós mesmos sofremos com a perda de alguns colaboradores. Foi um momento de muita tristeza e preocupação.

No âmbito empresarial, os bons resultados alcançados nos deixavam um pouco tranquilos. Mesmo durante o período da crise sanitária, conseguimos adquirir uma escola em Laranjeiras, na zona sul do Rio de Janeiro, e inauguramos as unidades planejadas. No entanto, foi um período de muitas incertezas sobre como deveríamos proceder como instituição. Cada dia trazia consigo desafios inéditos, exigindo de nós muita criatividade e resiliência.

Nossa primeira medida foi antecipar as férias do meio do ano. Com isso, ganhamos quinze dias preciosos para entender melhor o cenário, avaliar as possibilidades e traçar soluções. Naquele momento, não existia qualquer legislação que autorizasse aulas a distância para a educação básica; pelo contrário, isso jamais havia sido permitido. Contudo, à medida que a crise se desenrolava, surgiram medidas provisórias, decretos e resoluções para guiar as instituições de ensino na continuidade do aprendizado. Foi recomendada a adoção de atividades pedagógicas não presenciais e o uso de tecnologias para manter o ensino durante o fechamento das escolas.

Nos preparamos adequadamente para oferecer aulas *online*, combinando sessões ao vivo com um repositório de aulas gravadas. Nosso time estava muito unido e engajado para cumprir essa missão. Os professores gravavam algumas aulas de suas casas, improvisando cenários com criatividade. Conseguimos implementar rapidamente novas ferramentas tecnológicas, beneficiando tanto os educadores quanto os estudantes.

Criamos um *e-mail* exclusivo para cada aluno, garantindo que todos recebessem informações sobre as aulas — incluindo calendário, horários, *link* das salas virtuais etc. Esse mesmo endereço de *e-mail* era usado para acessar a plataforma que utilizamos para entregar as aulas. Destacamo-nos como uma das redes de ensino que mais rapidamente implementou tecnologia e organizou suas aulas. Conseguimos imprimir o jeito Força Máxima também na educação a distância.

As avaliações também eram realizadas de forma *online*, permitindo consultas. Na verdade, a parte acadêmica não era nossa prioridade naquele momento. Estávamos focados no bem-estar de nossos alunos e suas famílias, assim como de nossos colaboradores. Em meio a tudo isso, mantive a crença de que, mesmo diante de desafios sem precedentes, poderíamos aprender, nos adaptar e, eventualmente, triunfar. A minha geração ainda não havia enfrentado uma situação pandêmica. Tudo isso era inédito para mim, mas meu compromisso com a educação e com a vida se mantinha firme e forte.

## Na vida, nem tudo está sob o nosso controle

O ano de 2020 nos colocou à prova de maneiras que nunca havíamos imaginado. Na escola, a pandemia não apenas impôs uma nova rotina, mas também trouxe uma sequência de situações inesperadas. Eu estava ali, no meio desse turbilhão, lidando com clientes, fornecedores, aluguéis e outras negociações que pareciam se multiplicar a cada dia. Era um cenário caótico, mas eu estava certo de que, de alguma forma, conseguiríamos nos adaptar e superar.

No entanto, na vida, nem tudo está sob nosso controle, e eu fui atingido por mais um golpe inesperado, que me deixou desnorteado e sem saber como agir.

Em agosto de 2020, mesmo com algumas flexibilizações nas medidas sanitárias, ainda vivíamos um período de dúvidas e insegurança. As aulas continuavam a ser realizadas a distância. Foi então que a professora do meu filho mais velho, Emanuel, nos alertou, a mim e a Vivian, minha esposa, que ele estava com dificuldade para ler e acompanhar as aulas *online*. Verificamos o computador e tudo parecia em ordem. Em seguida, fizemos alguns testes com o Emanuel e percebemos que ele estava com algum problema de visão.

Marcar consultas médicas com o surto de covid-19 ainda ameaçando a população era uma tarefa difícil. Conseguimos agendar uma consulta com um oftalmologista e, após alguns exames, inicialmente suspeitaram que o Emanuel tivesse ambliopia devido ao uso intenso das telas nas aulas *online*. Depois, detectaram que ele tinha três graus de astigmatismo.

Mandamos fazer os óculos. Fiquei impressionado com as lentes grossas, mas, em poucos dias, elas já não faziam mais diferença. Emanuel se queixou de que não estava enxergando bem. Levamos os óculos para avaliação, e estava tudo certo. Ele refez os exames, que, dessa vez, indicaram cinco graus de astigmatismo. O médico ficou perplexo, tentando entender o que estava acontecendo, e eu decidi procurar outro oftalmologista.

Na família da Vivian, há um histórico de pessoas que perderam a visão. Os tios por parte de mãe são cegos. Sabíamos dessa história, mas como toda uma geração da família — incluindo os primos de primeiro grau e até o irmão dela — não enfrentou problemas de visão, todos acreditavam que isso já tinha ficado para trás. Ao recordar dessa história, começamos a nos preocupar. A essa altura, o Emanuel já mal conseguia enxergar. Ele esbarrava nas coisas dentro de casa e tinha dificuldade para ler e acompanhar as aulas.

Chegamos a setembro com o coronavírus ainda nos assombrando — vidas perdidas, negócios fechados, e um constante aumento do desemprego. Na escola, era o período de matrículas, tanto para renovação quanto para novas inscrições. Estávamos prestes a inaugurar a franquia de Campo Grande, no Rio de Janeiro, e tínhamos acabado de comprar a escola em Laranjeiras.

No dia em que assinei o contrato de aquisição da unidade de Laranjeiras, Vivian e eu vivenciamos a mais devastadora experiência de nossas vidas. Levamos o Emanuel a mais uma das sucessivas consultas médicas, e o diagnóstico final veio como um soco no estômago: neuropatia óptica hereditária de Leber (LHON). Uma doença genética rara e progressiva, sem cura, que leva à perda súbita da visão.

O médico, com uma frieza desnecessária, disse na frente do Emanuel: "A doença genética pode pular uma geração, isso acontece. Mas seu filho vai ficar cego". Aquela cena está gravada na minha memória: o olhar de desespero do meu filho, me dizendo: "Papai, eu não quero ficar cego". O peso daquelas palavras foi esmagador. Meu coração se partiu.

O que fazer diante de uma notícia tão devastadora? Ao sair do consultório, meu rosto ardia de indignação. A falta de empatia e sensibilidade do médico ao comunicar aquela notícia de forma tão fria e direta, sem considerar que o paciente era uma criança, me deixou perplexo. Ao mesmo tempo, eu não conseguia parar de pensar em como seria a vida do meu filho a partir daquele momento. Olhei para a Vivian e vi a preocupação estampada em seu rosto.

O consultório ficava em um shopping na Barra da Tijuca, no Rio de Janeiro. Fomos almoçar e um silêncio doloroso nos acompanhou durante a refeição. A expressão do Emanuel dizia tudo; era possível ver a tristeza e o medo refletidos em seus olhos. Não sabíamos o que falar. Não havia palavras que pudessem aliviar o desespero que se formava no ar.

Olhei para o meu filho e lembrei do orgulho que senti quando ele leu um versículo bíblico em um evento na igreja no Dia dos Pais. Fiquei pensando como era possível que, em questão de poucos meses, essa mesma criança, que conseguia ler sem nenhum problema, estivesse perdendo completamente a sua visão. Emanuel havia completado 10 anos em julho daquele ano. Ele sempre foi muito ativo, sempre gostou de jogar bola com os amigos. Eu não conseguia parar de pensar em como seria a sua adaptação.

Fizemos um mapeamento genético, e a doença foi confirmada. A Vivian me disse que era a primeira vez que me via de cabeça baixa. Eu, em meus pensamentos, percebia que estava diante de um desafio diferente e, pela primeira vez, não sabia bem o que fazer. Dessa vez, eu não tinha nenhum controle sobre a situação. A única certeza que eu tinha era que, naquele momento, precisava me dedicar integralmente à minha família. Decidi me afastar da escola justamente no período da campanha para o próximo ano letivo. Eu não tinha cabeça para continuar. Precisava cuidar da minha família e dar suporte emocional ao meu filho.

Reuni toda a equipe e comuniquei minha decisão. Felipe Domingos — que estava comigo desde a inauguração da primeira escola, inicialmente como professor, e depois como diretor da unidade em Nova Iguaçu — já era o diretor de operações da rede nessa época e assumiu o comando. Cada sócio tinha suas responsabilidades, e eu era o responsável pela gestão do negócio. Felipe era a pessoa mais próxima a mim, e era ele quem me ajudava a conduzir as operações. Portanto, ele estava plenamente capacitado para assumir essa missão, que cumpriu com grande eficiência, mesmo em meio aos desafios impostos pela pandemia. Aliás, Felipe é um grande amigo, e sua amizade e apoio foram fundamentais durante esse período complicado da minha vida.

Embora estivesse atravessando um período de sofrimento e incertezas, a minha fé permanecia inabalável. Eu virava noites pesquisando sobre a doença, buscando entender o que poderia ser feito. Descobri que muitos pacientes enfrentam uma piora significativa da visão dentro de semanas a meses após o início dos sintomas — exatamente como aconteceu com o Emanuel. Mergulhei em uma busca incessante por respostas, por soluções que pudessem trazer alguma esperança, ainda que fosse apenas para proporcionar uma melhor qualidade de vida ao meu filho, sabendo que a doença não tem cura.

Emanuel e Vivian passaram a receber acompanhamento psicológico, participando de sessões de terapia para ajudá-los nesse processo. Ao mesmo tempo, o *crossfit* entrou na minha vida e se tornou parte essencial da minha rotina, até hoje. Cada sessão era uma chance de me desconectar do trabalho, dos problemas e fazer uma imensa higiene mental. Eu me adaptei rapidamente, pois no *crossfit* não há uma rotina fixa; os exercícios variam todos os dias.

Além dos benefícios emocionais, e até estéticos, a prática de exercícios me trouxe uma saúde renovada, me deixando com mais disposição e energia. Encontrei ali meu espaço de cura. O *crossfit* e minha fé em Deus me mantiveram de pé, com a mente saudável. Encontrei forças para seguir em frente e descobrir maneiras de ajudar meu filho a se adaptar mais rapidamente à sua nova condição.

A vida continua, e a cada dia nos deparamos com novos desafios, mas também com novas oportunidades. Iniciei o ano entusiasmado, com metas batidas e os melhores resultados da empresa até aquele momento. No entanto, naquele mesmo ano, a vida me bateu com força. A história que vivi em 2020 não se resume apenas à dor da perda e à incerteza, também é sobre a força que encontramos quando tudo parece perdido.

Foi um ano que desafiou tudo o que eu sabia sobre resistência e amor. O amor, a família e a determinação de enfrentar o desconhecido foram os pilares que me sustentaram nesses períodos difíceis. E assim, nossa família se fortaleceu, pronta para o que o futuro nos reservava, pois acreditamos nos planos de Deus. **No fim das contas, é isto que nos define: nossa capacidade de nos reerguer e continuar buscando o caminho da luz, mesmo na escuridão, mantendo a esperança e a alegria de viver.**

## Pessoas fazem a diferença

Em meio a todas as complicações vividas nesse ano, especialmente após o diagnóstico do Emanuel, eu estava ao lado da minha esposa e dos meus filhos, oferecendo apoio. Mas, muitas vezes, me sentia perdido e também precisava de ajuda. Foi um período em que cada um de nós teve que encontrar forças onde, às vezes, parecia não haver nenhuma. Nesse processo, duas pessoas foram cruciais na vida do Emanuel: Sharlene, sua mediadora, e Luziano, seu professor de xadrez.

Sharlene foi muito mais do que uma mediadora no processo de aprendizagem do Emanuel. Com uma empatia rara, ela compreendia profundamente as dificuldades que ele enfrentava, pois já havia passado por algo semelhante em sua própria vida. Sua filha, Débora, também enfrentou desafios parecidos, o que a preparou para oferecer

**Embora estivesse atravessando um período de sofrimento e incertezas, a minha fé permanecia inabalável.**

não apenas suporte técnico, mas também emocional ao Emanuel. Sharlene se tornou uma guia, alguém que o ajudou a entender e se adaptar ao mundo de uma forma que eu nunca poderia imaginar. Isso me ensinou que, muitas vezes, as dificuldades que enfrentamos em nossas vidas podem ser transformadas em pontes para ajudar outras pessoas. O impacto que ela teve no desenvolvimento da autonomia e da confiança do Emanuel foi simplesmente indescritível.

Outra figura essencial nesse processo foi Luziano, o professor de xadrez do Emanuel. Desde cedo, o xadrez era uma paixão para o meu filho, mas, com a perda da visão, parecia que essa parte importante da sua vida seria deixada para trás. Luziano, com sua paciência e criatividade, trouxe ferramentas e conceitos adaptados, permitindo que Emanuel continuasse a jogar — e não apenas jogar, mas também continuar competindo. Ele ensinou meu filho a enxergar o tabuleiro com o tato, a sentir as peças com as mãos e a redescobrir o jogo sob uma nova perspectiva. Com isso, Luziano não apenas preservou essa paixão, mas também mostrou ao Emanuel que as limitações não precisam definir quem somos ou o que podemos fazer.

Essas duas pessoas foram fundamentais para que o Emanuel não perdesse a alegria de viver. Eles são exemplos vivos de como a dedicação e o amor ao próximo podem transformar vidas. O apoio que deram ao meu filho foi, para nós, uma prova de que ninguém supera os desafios sozinho. Pessoas como Sharlene e Luziano nos lembram que, em meio às maiores dificuldades, a generosidade e a força de alguém podem ser a luz que precisamos para seguir em frente.

## Mais um ano desafiador

A transição de 2020 para 2021 foi marcada por uma mistura intensa de emoções. Profissionalmente, o que parecia ser um ano promissor foi interrompido pelos efeitos da pandemia. No âmbito pessoal, além das perdas que muitos de nós enfrentaram, vivi o maior drama da minha vida: o diagnóstico do meu filho.

Em janeiro de 2021, decidi tirar férias com a família; eu, Vivian, Emanuel e Gabriel, nosso filho mais novo, aproveitamos momentos de alegria e descontração em meio ao caos. Com apenas 5% de visão em cada olho (no Brasil, é considerado cego quem possui menos de 10% da visão), Emanuel nos ensinou, dia após dia, sobre força, resiliência e coragem.

O ano de 2021 foi extremamente desafiador nos negócios, talvez até mais do que 2020. Nesse período, enfrentamos um novo tipo de desafio — o modelo híbrido nas escolas. Com parte dos alunos presente na escola e outra parte ainda em casa, eu me vi em um cenário que exigia uma reavaliação completa do nosso modelo de operações. O retorno gradual às aulas presenciais trouxe de volta despesas como aluguel e energia elétrica, que, embora não tivessem desaparecido, estavam temporariamente reduzidas ou suspensas. Com o fim de alguns programas de apoio e incentivo do governo, como a folha de pagamento reduzida, a situação se tornava ainda mais crítica.

Em 2020, o Colégio Força Máxima acolheu muitas famílias. Vários pais perderam o emprego, enquanto outros, comerciantes ou proprietários de pequenos negócios, foram obrigados a fechar as portas. Oferecemos total suporte àqueles que estavam com dificuldades financeiras. Inclusive, renovamos as matrículas para 2021, mesmo para as famílias que não estavam com as mensalidades em dia, e isso nos custou caro.

Os custos começaram a voltar ao normal — aluguel, luz, água, entre outros —, mas muitas famílias, ainda se recuperando dos impactos da crise do coronavírus, não conseguiam pagar as mensalidades em dia. Isso comprometia a saúde financeira da empresa, uma saúde que tanto lutamos para alcançar e que agora parecia escorregar entre os nossos dedos. A única saída parecia ser o endividamento, mais uma vez.

Recorremos a empréstimos para garantir que a operação continuasse a funcionar em seu nível máximo de eficiência. Foi um ano de assimilação do forte impacto que havíamos sofrido, sem grandes inaugurações ou expansões, a sensação era de que estávamos tentando apenas sobreviver. Foi um dos piores anos da empresa, sem dúvida. Mesmo assim, eu estava certo de que seria mais um desafio a ser superado.

## Esperança, força e fé

A pandemia deixou marcas profundas, em todos os aspectos — pessoais e profissionais. Foram vários meses de muita luta, onde foi difícil enxergar a luz no fim do túnel. Para piorar, o problema de visão do meu filho fez parecer que o mundo estava desabando sobre mim. Foi um tempo difícil, principalmente porque a maioria dos acontecimentos estava além do meu controle. No entanto, mantive a fé e a esperança em um futuro melhor, acreditando que, independentemente das adversidades, sempre há um caminho a seguir.

A vida é feita de ciclos, e eu, mais do que nunca, decidi recomeçar.

Em janeiro de 2022, minha família e eu tivemos a oportunidade de visitar a Bethel Church, na Califórnia, uma igreja liderada pelo pastor Bill Johnson, conhecida por suas abordagens inspiradoras sobre cura e fortalecimento espiritual. A experiência que vivenciamos foi verdadeiramente marcante e nos fez sentir intensamente a presença de Deus naquele lugar.

Nós não conseguimos a cura física que buscávamos em relação à visão do nosso filho. Mas saímos de lá com um profundo sentimento de cura psicológica e espiritual. Após essa viagem, Emanuel retornou com uma nova perspectiva. Hoje, ele não aparenta ter a deficiência visual. Ele joga futebol com os amigos e as pessoas não entendem como ele consegue andar sem tropeçar. Para nós, isso é um verdadeiro milagre! Embora não tenhamos recebido a cura que esperávamos, encontramos uma renovação da fé e da força interior que nos acompanha até hoje.

Para o Colégio Força Máxima também era a hora de voltar aos trilhos da expansão. Decidimos retomar os planos de crescimento. Inauguramos uma unidade própria em Vila da Penha, bairro da Zona Norte do Rio de Janeiro, e vendemos duas franquias que seriam abertas para o ano letivo de 2023. Mais uma vez, a fé e a esperança do recomeço tomaram forma.

Nossa trajetória sempre foi marcada pela inovação e pela incessante busca por expansão. Mesmo nos anos em que convivemos com os desafios impostos pela covid-19, continuamos trabalhando em projetos que reforçavam esses valores. Em 2020, começamos a dar os primeiros passos em direção à realização de mais um sonho: a criação da Editora Força Máxima.

Esse foi outro marco importante em nossa trajetória, trazendo um novo desafio, com dinâmicas e complexidades próprias. Nesse momento, uma pessoa especial teve um papel fundamental: Sâmela. Ela foi nossa primeira alfabetizadora na unidade de Nova Iguaçu, inaugurando os anos iniciais do Ensino Fundamental. Desde o início, Sâmela se destacou não apenas pelo excelente nível acadêmico e comprometimento com os alunos, mas também pelos resultados excepcionais que alcançava em sala de aula. Ela proporcionou experiências incríveis às crianças, promovendo eventos memoráveis e conquistando a admiração de toda a comunidade escolar.

O que tornava Sâmela ainda mais especial era seu espírito empreendedor. Paralelamente às aulas, ela sempre esteve engajada em vendas, seja comercializando roupas ou oferecendo *kits* de beleza. Esse lado comercial, aliado ao seu conhecimento pedagógico e à sua formação técnica, fez dela a pessoa perfeita para assumir um papel de destaque na editora. Encontrar alguém com essas duas características — um conhecimento pedagógico sólido e um tino comercial apurado — é raro.

Sâmela foi essencial para o sucesso e o crescimento da editora. Sua liderança impulsionou tanto as vendas para as escolas parceiras quanto para o setor público. Foi ela, inclusive, a idealizadora do Congresso Educativa, que posteriormente se tornou o maior evento de educação do Rio de Janeiro. Sua visão, dedicação e habilidades únicas foram determinantes para que os materiais do Força Máxima Educação se tornassem uma referência no mercado educacional.

Meu sócio, Pierre, assumiu a liderança do editorial, garantindo a qualidade de todos os materiais de ponta a ponta, desde a avaliação pedagógica e a análise do conteúdo desenvolvido pelos autores selecionados, passando pela supervisão de cada etapa do processo, até a impressão final dos livros.

Em 2021, o Colégio Força Máxima lançou seu próprio material didático, que inicialmente atendeu nossos próprios alunos e, em pouco tempo, começou a ser adotado por outras escolas, levando consigo a metodologia e a essência da marca. Além dos livros didáticos, desenvolvemos também materiais complementares voltados para áreas essenciais, como desenvolvimento socioemocional, empreendedorismo, educação financeira e ensino bilíngue, ampliando ainda mais o impacto da nossa proposta pedagógica.

Desde 2022, retomamos o crescimento com a abertura de novas unidades — próprias e franqueadas — e com a ampliação do alcance da editora, firmando parcerias com escolas para fornecer nosso sistema de ensino e material didático. O Colégio Força Máxima vem apresentando um crescimento consistente e diversificado, expandindo suas operações em diferentes frentes: unidades próprias, franqueadora, editora e o Congresso Educativa. Cada vez mais, a empresa se consolida como uma referência no mercado educacional, sempre em busca de inovação e novas oportunidades.

Em 2023, alcançamos uma conquista significativa ao realizar nossa primeira venda de material pedagógico para o setor público, abrindo um canal importante e estratégico para a editora. Saber que nossa metodologia está contribuindo para a formação de inúmeros alunos em escolas públicas por todo o Brasil é extremamente gratificante.

**Se você está enfrentando um momento difícil, espero que este capítulo da minha história possa servir como inspiração e, principalmente, como um estímulo para a sua fé. Acredite sempre que essa fase vai passar.** A vida tem seus altos e baixos, mas acredito que a fé, a alegria nas pequenas coisas e o apoio das pessoas que amamos nos ajudam a superar qualquer obstáculo. O importante é manter uma visão de futuro positiva, fazendo o que estiver ao seu alcance e fortalecendo a sua crença de que dias melhores virão. Seja forte e tenha coragem para seguir em frente, e nunca perca a alegria de viver!

# COLOQUE FORÇA MÁXIMA AQUI

Nesse capítulo da minha jornada, fui confrontado com os altos e baixos que a vida pode nos apresentar. Comecei 2020 vivendo o auge de um sonho realizado, que foi bruscamente interrompido com a inesperada chegada da pandemia do coronavírus. No mesmo ano, enfrentei a pior experiência da minha vida: ver o meu filho perder a visão de uma hora para outra, sem poder fazer praticamente nada. A vida bateu com força, com uma intensidade que eu não esperava. No ano seguinte, 2021, vivi um dos piores anos da minha empresa, enfrentando sérios problemas financeiros como consequência dos efeitos da crise sanitária global.

Durante esse período, todas as minhas capacidades de controle e planejamento foram postas à prova. Percebi que, embora muitos aspectos da vida escapem ao nosso domínio, a maneira como lidamos com esses desafios é uma escolha nossa. **A fé, para mim, foi um alicerce. Significou acreditar que, mesmo na ausência de respostas imediatas, haveria uma razão para continuar**.

Cuidar da minha saúde mental também foi fundamental para atravessar tempos tão turbulentos. Esvaziar a mente e liberar as tensões através do *crossfit*, além de momentos de meditação e oração, foram práticas fundamentais. Essas atividades me deram força e me ajudaram a ser resiliente, e, acima de tudo, trouxeram clareza mental e equilíbrio emocional. Isso foi tão significativo para mim que, até hoje, essas práticas fazem parte da minha rotina.

Em meio a desafios que pareciam insuperáveis, o amor incondicional pela minha família e a determinação de ser o alicerce que os sustentaria foram minha maior motivação para continuar buscando soluções e acreditar que conseguiríamos seguir em frente. Foi o que me motivou a continuar lutando com todas as minhas forças, mesmo nas situações mais adversas.

**As provações que enfrentei me mostraram que, mesmo diante de desafios que fogem ao nosso domínio e nos fazem sentir impotentes, podemos encontrar força para transformar o sofrimento em aprendizado.** A chave está em manter a fé e o equilíbrio emocional, que nos ajudarão a decidir entre a prudência de esperar até que as coisas melhorem e a coragem de agir e buscar novos caminhos. E quando falo de fé, não me refiro exclusivamente à religião, e sim à confiança em algo maior, uma força que nos sustenta nos momentos de maior incerteza.

E você? Já precisou lidar com situações que fugiram ao seu controle? Convido você a refletir sobre isso.

## Perguntas para Reflexão:

Como você reage quando a vida o desafia com o inesperado?

Como você pode desenvolver e nutrir sua fé em tempos de incerteza, independentemente de suas crenças religiosas?

Que práticas de cuidado com a saúde mental você pode adotar ao enfrentar situações fora de controle?

Em que momentos difíceis você se surpreendeu com sua própria resiliência e descobriu forças que não sabia que possuía?

Quais lições valiosas você aprendeu sobre o que realmente importa na vida após passar por períodos de adversidade intensa?

Como você pode apoiar as pessoas ao seu redor nos momentos difíceis, fortalecendo sua própria rede de suporte?

**"A vida é 10% do que acontece comigo e 90% de como eu reajo a isso."**

*Charles R. Swindoll*

MÁXIMA

CAPÍTULO 7

# O MÉTODO FORÇA MÁXIMA PARA GERAR RESULTADOS CONSISTENTES

Nenhuma grande conquista acontece por acaso. Durante minha trajetória como empreendedor e empresário, descobri que alcançar resultados consistentes exige mais do que apenas esforço e dedicação — exige método. Ao longo dos anos, enfrentei desafios que testaram minha resiliência, minha capacidade de tomar decisões e minha fé no processo. Passei por altos e baixos, momentos de crescimento que indicavam que eu estava no caminho certo e crises que me fizeram questionar tudo. Mas, acima de tudo, cada experiência trouxe uma lição valiosa.

E foi assim, entre erros e acertos, com muita persistência e uma busca incessante por aprendizado, que desenvolvi o **MÉTODO FORÇA MÁXIMA PARA GERAR RESULTADOS CONSISTENTES** — uma metodologia criada para ajudar empresários e empreendedores a encontrar seu propósito, fortalecer sua marca, superar desafios, aproveitar oportunidades e gerar resultados sólidos e escaláveis.

Estruturado em seis pilares fundamentais, o método é representado pelo acrônimo ***MÁXIMA***:

***M****entalidade*: antes de conquistar externamente, é preciso vencer internamente, reprogramando crenças e desenvolvendo uma mentalidade de crescimento e alta *performance*.

***A****titude*: o sucesso não depende apenas do que você sabe, mas do que você faz com o que sabe, agindo com coragem e consistência.

***X*** *da Multiplicação*: crescer é bom, mas multiplicar é estratégico. Criar processos eficientes, desenvolver pessoas e escalar resultados permite que um negócio prospere de forma sustentável e exponencial.

***I****nteligência*: o equilíbrio entre razão e emoção permite tomar decisões estratégicas, aprender continuamente e evoluir em cada novo nível da jornada

***M****arca*: sua marca é sua cultura e legado, refletindo sua identidade, valores e propósito tanto no pessoal (CPF) quanto no empresarial (CNPJ).

***A****creditar*: a fé no processo e a resiliência diante dos desafios são o combustível para seguir em frente, mesmo quando os resultados ainda não aparecem.

O **MÉTODO FORÇA MÁXIMA** não é apenas uma teoria — é o reflexo da minha própria jornada. Cada pilar nasceu dos desafios que enfrentei, do conhecimento que adquiri e dos resultados que conquistei até aqui. Meu objetivo com essa metodologia é ajudar empresários a terem clareza sobre sua jornada, evitarem erros que eu cometi, enxergarem oportunidades que talvez ainda não percebam e construírem negócios sólidos, lucrativos e alinhados com seus propósitos de vida.

Agora, quero compartilhar com você, em detalhes, os pilares que foram determinantes para minha evolução e que podem levar seu negócio a um novo patamar. Pilares que me permitiram sair do improviso para uma trajetória planejada, com clareza, propósito e resultados concretos. Ao longo das próximas páginas, você verá como cada um deles transformou minha forma de pensar, agir e multiplicar resultados — e como podem fazer o mesmo por você.

## O MÉTODO FORÇA MÁXIMA – MENTALIDADE

Se há um ponto de partida para qualquer grande conquista, é este: tudo começa na sua mente.

Antes de transformar minha realidade, precisei mudar a maneira como pensava. Sempre digo que a primeira vitória acontece dentro de nós, e talvez essa seja a batalha mais difícil — vencer internamente antes de conquistar externamente. Muita gente quer alcançar grandes resultados, mas poucas estão dispostas a reprogramar sua forma de pensar. E o pior? Muitas nem sabem que isso é possível ou sequer imaginam por onde começar.

Lembro bem do dia em que olhei para um galpão abandonado e enxerguei oportunidades onde outros só viam entulho. Com apenas 10 anos, sem dinheiro e sem ferramentas sofisticadas, vi um jogo de pregos onde qualquer outra pessoa enxergaria apenas madeira velha. Foi ali que, mesmo sem perceber, experimentei pela primeira vez o poder da minha mentalidade. Decidi que podia criar algo — e fui lá e criei.

Contei essa história no primeiro capítulo, e você sabe o que aconteceu. Funcionou! O jogo que criei vendeu e, de repente, aquela pequena decisão infantil se tornou um aprendizado que eu carregaria para a vida: não importa de onde você vem, importa para onde quer ir e o que está disposto a fazer para chegar lá.

## O que está na sua mente está na sua vida

Quantas vezes você já se pegou pensando:

"É assim que as coisas são, não tem jeito."

"Minha família sempre teve dificulddes financeiras, então comigo será igual."

"Não sou bom o suficiente para isso."

Já ouviu algo parecido? Ou pior, já disse essas frases para si mesmo?

O que você pensa define como você interpreta os desafios, lida com o fracasso e enxerga oportunidades.

Eu poderia ter me convencido de que não havia saída, que uma criança não podia fazer dinheiro, que eu não tinha os materiais adequados, que meu jogo não daria certo. Mas eu fiz uma escolha diferente: decidi tentar.

Foi essa mesma mentalidade que me levou a passar no vestibular para uma universidade pública, depois de ouvir do meu pai que ele não poderia pagar uma faculdade particular. Eu poderia ter desistido, me revoltado ou me vitimizado. Mas não escolhi esse caminho. Escolhi focar no que dependia de mim e agir.

Se você acredita que algo é impossível, **sua mente vai trabalhar para confirmar essa crença**. Se você acredita que há uma saída, **sua mente vai procurar soluções. Seu mundo exterior é um reflexo do seu mundo interior**.

Essa relação entre mentalidade e resultado é discutida no livro

*O Jogo Interior do Tênis*, de W. Timothy Gallwey. O autor defende que todo jogo tem duas dimensões: o jogo exterior, onde enfrentamos desafios concretos e externos, e o jogo interior, que acontece dentro da nossa própria mente. O grande obstáculo para vencer o jogo exterior não é a falta de técnica ou conhecimento, mas sim os bloqueios internos — medo, insegurança, falta de confiança e autocondenação (começar o jogo "derrotado").

Muitas vezes, sabemos exatamente o que fazer, mas a nossa mente nos sabota. Ficamos nervosos, inseguros, travamos diante de desafios e perdemos o foco. Por isso, o verdadeiro sucesso não está apenas em saber segurar uma raquete ou aplicar uma estratégia de negócios perfeita, mas sim em dominar **o jogo mental**. Se sua mentalidade estiver desajustada, você pode ter todas as ferramentas do mundo e ainda assim não alcançar o seu potencial máximo.

## Reprograme suas crenças limitantes

O grande problema é que crescemos absorvendo crenças limitantes. Eu mesmo tive que quebrar várias delas ao longo da vida.

Vi meu pai abrir e fechar vários negócios, minha mãe estudar incansavelmente para crescer na carreira, e minha irmã sempre ser a melhor aluna. Ao mesmo tempo que aprendi muito sobre dedicação e trabalho duro, também desenvolvi medos e inseguranças. E precisei trabalhar isso.

**Quando você cresce vendo dificuldades financeiras, é fácil acreditar que dinheiro é escasso.**

**Quando você cresce ouvindo que não pode sonhar alto, é fácil acreditar que grandes conquistas não são para você.**

**Quando você vê pessoas fracassando ao seu redor, é natural temer o fracasso.**

Mas a boa notícia é: **você pode mudar isso!**

Se você cresceu acreditando que dinheiro é escasso, estude sobre inteligência financeira e abundância.

Se você cresceu acreditando que sucesso é para poucos, procure por histórias inspiradoras de quem chegou lá.

Se você teme fracassar, entenda que o fracasso faz parte do processo.

Napoleon Hill, autor de *Quem Pensa Enriquece* e um dos maiores estudiosos do sucesso pessoal, afirmava que, em cada fracasso, há uma semente de vitória equivalente — a diferença está em como você escolhe enxergá-lo. O fracasso pode ser um peso que te paralisa ou um degrau para o seu próximo nível.

Ajuste sua mentalidade e o resto começará a mudar.

## Decida, aja, seja forte

Nada disso funciona sem ação. Mentalidade forte não é sobre pensamento positivo vazio. É sobre acreditar e agir de acordo com essa crença.

Quando decidi estudar para passar em uma universidade pública, não bastou apenas decidir. Tive que abrir mão de várias coisas, estudar mais do que qualquer pessoa ao meu redor e me comprometer de verdade.

E quando você decidir mudar sua vida, pode ter certeza: a dúvida virá. O medo virá. A vontade de desistir virá.

Mas se você estiver realmente comprometido, vai seguir em frente.

Timothy Gallwey descreve isso muito bem: seu maior adversário não está do outro lado da quadra — está dentro de você. O verdadeiro desafio não é vencer um concorrente, a crise econômica ou as circunstâncias externas. O maior desafio é vencer a voz interna que diz que você não pode, que você não é capaz, que talvez não seja para você.

O sucesso vem para aqueles que dominam seu próprio jogo interior, que aprendem a confiar em si mesmos, que enfrentam o medo sem deixar que ele paralise. Tudo começa na sua mente. E tudo só acontece se você agir.

Agora, quero que você pare por um instante e reflita:

Quais crenças limitantes você carrega?

Como elas têm impactado seus resultados?

O que você pode fazer hoje para começar a mudá-las?

**A força da sua decisão pode ser maior do que qualquer obstáculo. Escolha sair do lugar. Escolha transformar sua realidade. Escolha vencer.** Porque, no final das contas, o que separa os que conseguem dos que não conseguem não é talento, sorte ou origem. É a mentalidade.

E, agora, a pergunta é: qual mentalidade você escolhe ter a partir de hoje?

## O MÉTODO FORÇA MÁXIMA — ATITUDE

Ao longo da vida, aprendi que sonhar é essencial, mas agir é o que realmente faz a diferença. Muita gente passa anos esperando pelo "momento certo", pela "condição ideal", pelo "sinal claro" de que deve dar o próximo passo. Mas, enquanto esperam, o tempo passa, e elas continuam exatamente no mesmo lugar.

Eu quase caí nessa armadilha. Meu maior ponto de inflexão veio quando precisei escolher entre uma vaga como executivo em uma multinacional — uma carreira promissora, com ótimo salário e *status* — ou uma vaga como professor, um caminho menos atraente financeiramente, mas muito mais alinhado ao meu propósito. A decisão não foi fácil, ainda mais porque eu estava prestes a me casar.

Muitos acharam que eu estava maluco. Meus amigos não entenderam, meu pai ficou frustrado, e a recrutadora da multinacional fez questão de confirmar se eu tinha certeza do que estava recusando. Mas, por outro lado, tive o apoio incondicional da Vivian, minha esposa. Ela me disse que eu deveria escolher o que realmente me deixaria feliz e que, independentemente da decisão, ela estaria ao meu lado. Ela acreditava em mim, no meu potencial e no caminho que eu escolhi seguir.

A escolha pela carreira de professor me permitia estar mais próximo da minha família, já que, como executivo, eu precisaria viajar com frequência. Mas não era só isso. Eu sabia que esse caminho também me aproximava do meu sonho de empreender. E, no fundo, eu já sentia que meu propósito não estava em um cargo, mas sim no impacto que eu poderia gerar.

## Atitude: o diferencial entre quem consegue e quem fica pelo caminho

Todo mundo tem sonhos e objetivos. Mas por que tão poucos os realizam? A resposta é simples: ação e consistência. Quantas vezes você já viu pessoas talentosas, inteligentes e cheias de boas ideias, mas que simplesmente não saem do lugar? O problema não é a falta de capacidade, é a falta de atitude. A verdade é que o sucesso não depende apenas do que você sabe, mas do que você faz com o que sabe.

Eu poderia ter escolhido um caminho mais seguro antes de empreender. Poderia ter optado por um emprego mais estável (cheguei até a ser aprovado em um concurso público com um bom salário), acumulado mais dinheiro e, quem sabe, pensado em abrir um negócio dali a alguns anos. Mas sabe o que provavelmente teria acontecido? Nada! Sempre haveria uma nova desculpa, um novo obstáculo, um novo motivo para adiar meu sonho.

O momento certo é aquele em que você decide agir. E agir significa encarar o medo, lidar com a incerteza e avançar, mesmo diante dos desafios.

## Ação + Consistência = Resultados

Atitude não é sobre ter um único momento de coragem e depois voltar para a zona de conforto. É sobre fazer o que precisa ser feito todos os dias, mesmo quando você não tem vontade.

É sobre manter a disciplina quando os resultados ainda não apareceram.

É sobre criar uma rotina diária que esteja alinhada com seus objetivos e reflita exatamente o que você deseja conquistar.

Se o seu objetivo é melhorar os resultados da sua empresa, sua rotina deve incluir a análise sistemática dos números do negócio, a busca por novas oportunidades, a melhoria da experiência do cliente e o desenvolvimento de estratégias mais eficientes. Pequenos ajustes diários, feitos de forma consistente, geram grandes mudanças ao longo do tempo.

Quando comecei a dar aulas, percebi que não queria ser apenas mais um professor. Eu queria impactar, transformar, ir além. E isso exigia muito mais do que simplesmente cumprir minhas obrigações. Exigia energia, dedicação, inovação e, acima de tudo, comprometimento.

Não foi fácil. Minha rotina se tornou exaustiva, e logo comecei a sentir os impactos do excesso de trabalho na minha saúde. Percebi que, do jeito que estava, não conseguiria sustentar aquele ritmo por muito tempo. Mas, em vez de simplesmente aceitar a situação, resistir ao cansaço ou pensar em desistir, escolhi enxergar aquilo como um sinal de que algo precisava mudar. Esse foi um ponto de virada na minha vida. Entendi que, para crescer, não bastava apenas trabalhar mais — era preciso trabalhar de forma mais inteligente. Então, tomei uma atitude: repensei minha rotina, busquei formas de evoluir sem comprometer minha saúde e comecei a direcionar minhas ações para aquilo que realmente me levaria aos meus objetivos.

Se você deseja um resultado diferente na sua vida, pergunte-se:

**Suas ações diárias te aproximam ou te afastam dos seus objetivos?**

**Você tem colocado energia suficiente naquilo que quer alcançar?**

**O quanto está disposto a sair da sua zona de conforto?**

## A resiliência de se manter no jogo

O caminho rumo ao sucesso dificilmente será livre de obstáculos. **Você vai errar, enfrentar dificuldades, pensar em desistir**. Mas só chega ao topo aquele que se recusa a parar.

O sucesso exige resiliência. Diante dos desafios, temos duas escolhas: usar cada obstáculo como justificativa para desistir, ou como impulso para continuar. Mesmo quando as circunstâncias parecem desfavoráveis e tudo indica que será difícil seguir adiante, sua atitude e determinação ao buscar soluções, ajustar a rota e manter o compromisso com seus objetivos farão a diferença.

Quando percebi que precisava criar meu próprio negócio para ampliar meu impacto, mergulhei de cabeça, sem garantias, sem segurança financeira, apenas com uma vontade inabalável de fazer dar certo. **Mais uma vez, deixo claro: não recomendo isso a ninguém**. Mas, no meu caso, a atitude naquele momento da minha trajetória fez toda a diferença.

Com o tempo, percebi que a atitude, por si só, não basta. Ela precisa estar conectada a outros pilares para garantir um crescimento sustentável. Hoje, tenho plena convicção de que, quando alinhada aos demais elementos da **Metodologia MÁXIMA** — mentalidade, multiplicação, inteligência, marca e acreditar —, a atitude se torna um fator decisivo, ajudando qualquer empresário a superar desafios, tomar decisões e alcançar seus objetivos de forma mais estruturada e consistente.

## Tudo começa com uma atitude

Você está esperando as condições perfeitas ou já está agindo para construir seu futuro?

O sucesso é resultado de ações diárias, disciplina e comprometimento. Não basta apenas querer. É preciso agir! Agora, pare por um momento e reflita:

**Como você reage diante dos desafios? Você espera que as coisas melhorem por conta própria ou assume o controle e busca soluções?**

**Você tem reconhecido e aproveitado as oportunidades que surgem no seu caminho ou as deixa passar por medo ou indecisão?**

**Quais são as desculpas que ainda te impedem de agir?**

**Você tem agido com intensidade suficiente para alcançar seus objetivos?**

**Você tem a escolha de colocar força máxima nas suas atitudes!**

## O MÉTODO FORÇA MÁXIMA — X DA MULTIPLICAÇÃO

O verdadeiro crescimento vai além dos números — ele acontece quando multiplicamos nosso impacto. Criar estratégias que geram um efeito exponencial em nossas vidas, nos negócios e nas pessoas ao nosso redor é o que realmente faz a diferença. E, para mim, o empreendedorismo sempre foi a ferramenta mais poderosa para transformar essa visão em realidade.

Cada etapa da minha trajetória, desde a inauguração da primeira escola, foi um ponto de evolução. Não foi apenas um crescimento profissional, mas uma mudança na forma de pensar e agir. Cada desafio, cada decisão difícil, cada risco assumido moldou minha visão, fortaleceu minha mentalidade e me ensinou a jogar em um nível cada vez mais alto. Foi ao longo desse caminho que deixei de ser alguém que apenas queria empreender para me tornar alguém que realmente sabia como construir e expandir um negócio.

Passei a entender que o crescimento não poderia depender apenas do meu esforço individual. Se eu quisesse ampliar meu impacto na educação, trabalhar mais não seria suficiente. Era preciso criar oportunidades e escalar resultados sem que tudo dependesse exclusivamente de mim. Foi aí que percebi a importância de desenvolver três alavancas essenciais: ***networking*, liderança e influência**. Essas habilidades foram decisivas para minha evolução como empresário e para a expansão da nossa rede de escolas.

## *Networking:* construindo pontes para o crescimento

Como eu já disse algumas vezes neste livro: **ninguém constrói nada grandioso sozinho**. Quanto mais pessoas certas você conhece e se conecta, mais rápido e saudável será seu avanço. Quando penso em tudo o que construímos, vejo o quanto o *networking* teve um papel essencial na nossa jornada.

Foi através de conexões que surgiram as oportunidades para novas unidades. A expansão da nossa escola para Vilar dos Teles, Nova Iguaçu, São Gonçalo e outras localidades não aconteceu por acaso. Cada uma dessas oportunidades surgiu porque estávamos rodeados por pessoas que acreditavam em nós e enxergavam valor no que estávamos fazendo.

Um exemplo claro disso foi quando o dono da faculdade de Teologia e Música nos ofereceu a oportunidade de abrir uma unidade em Vilar dos Teles. Ele viu nosso sucesso em São João e acreditou que podíamos fazer o mesmo em outro local. Isso só aconteceu porque nossa reputação, nossa forma de trabalhar e nossa visão de crescimento abriram portas para essa oportunidade.

Esta é a grande sacada do *networking*: as oportunidades certas surgem quando você constrói relacionamentos e entrega valor às pessoas. Muitas vezes, um contato que você fez há anos pode abrir portas no momento certo. É como dizem por aí: seja interessante, e não interesseiro. Entenda que o *networking* não é um remédio para curar uma dor imediata, mas uma construção constante, baseada em confiança e conexões genuínas.

As conexões mais valiosas não são aquelas feitas apenas quando você precisa de algo, mas as que você cultiva ao longo do tempo, oferecendo ajuda, compartilhando conhecimento e agregando valor antes mesmo de esperar algo em troca. Quanto mais você fortalece sua rede de contatos, mais as oportunidades surgem de maneira natural — e, muitas vezes, de onde você menos espera.

Mas é importante construir sua rede de forma intencional. Conecte-se com pessoas que compartilham dos seus valores, que podem agregar ao seu crescimento e que podem abrir portas que você sequer imaginava. O segredo do crescimento exponencial não está apenas no que você sabe, mas também em quem você conhece e como você se posiciona no mercado.

## Liderança: desenvolvendo pessoas para escalar resultados

Se eu e meus sócios tentássemos fazer tudo sozinhos, jamais teríamos conseguido expandir. O crescimento real só acontece quando você aprende a selecionar, capacitar e desenvolver pessoas.

Em nossa trajetória, tivemos que aprender a equilibrar os papéis de empreendedores, professores e gestores. No começo, eu estava envolvido em tudo: dava aulas, atendia pais, vendia matrículas, resolvia problemas administrativos. Sem dúvidas, aprendi muito sobre o negócio, mas isso não era sustentável. Se eu continuasse fazendo tarefas de funcionamento, quem iria desenvolver estratégias de crescimento?

A unidade de Vilar dos Teles me ensinou isso da maneira mais difícil. O número de matrículas ficou abaixo do esperado, e isso gerou dificuldades financeiras enormes. Tivemos que realocar recursos da primeira unidade e contrair dívidas para manter a operação. Foi um período de muito aprendizado, e uma das lições mais importantes foi a necessidade de ter pessoas preparadas e alinhadas à nossa cultura para ajudar a empresa a crescer.

Percebi que, se quisesse escalar o negócio, precisava aprender a delegar, confiar e construir um time forte. Entendi que liderança não era só sobre gerenciar pessoas, mas sobre capacitar a equipe, dividir responsabilidades estratégicas e possibilitar que todos crescessem juntos. E, para isso, eu precisava das pessoas certas ao meu lado. A chegada de Felipe Domingos e de minha esposa, Vivian, à unidade de Nova Iguaçu representou bem esse pensamento, e foi um divisor de águas.

Em um momento crítico, quando a escola enfrentava problemas administrativos e dificuldades financeiras, Felipe assumiu a direção da unidade, trazendo organização, estruturando processos e implantando melhorias que rapidamente começaram a fazer a diferença no dia a dia da escola. A Vivian assumiu a gestão financeira, usando toda a sua experiência para otimizar os recursos e reorganizar as finanças. Com muito trabalho e parceria, os dois foram peças-chave para transformar aquele cenário desafiador em uma nova fase de estabilidade, garantindo não só a continuidade da escola, mas também seu crescimento.

Aprendi que um líder não precisa saber tudo, mas deve dominar duas coisas importantes: escolher as pessoas certas para estar ao seu lado na condução dos negócios e identificar talentos com potencial de crescimento. Para esses talentos, é fundamental criar um ambiente propício e oferecer as ferramentas certas para que evoluam. Porque quanto mais líderes você forma, mais sua empresa cresce.

Se você quer multiplicar seus resultados, pergunte-se: quem ao seu redor tem potencial para crescer? Como você pode desenvolver essa pessoa e permitir que ela contribua mais? Grandes líderes não criam apenas seguidores. Grandes líderes criam novos líderes.

## Influência: sua mensagem precisa impactar pessoas

A influência é a capacidade de transmitir sua visão de forma clara e convincente, impactando as pessoas ao seu redor. E se tem algo que aprendi ao longo dos anos é que ninguém segue um líder que não sabe para onde está indo.

Desde a primeira unidade, fizemos questão de transmitir a identidade do nosso negócio. Não queríamos apenas ser "mais uma escola". Queríamos que cada aluno, professor e colaborador sentisse que estava fazendo parte de algo maior.

Foi essa clareza que nos permitiu construir uma cultura forte e que, mais tarde, se tornaria a essência do Colégio Força Máxima. Quando começamos a usar esse nome antes mesmo de oficializar nossa marca, percebemos que as pessoas se identificavam com a nossa visão e valores.

E quando finalmente lançamos nossa marca própria, a transição aconteceu de forma natural. Alguns duvidaram, questionando se abandonar a antiga marca não era um risco grande demais. Mas, ao longo dos anos, conquistamos autoridade, criamos uma conexão real com nossa comunidade — professores, colaboradores, estudantes e famílias — e transmitimos uma mensagem autêntica. Isso nos permitiu manter nossa base de alunos e fortalecer ainda mais nosso posicionamento no mercado.

Ainda vou abordar com mais detalhes essa questão da marca, mas quero destacar que essa experiência me ensinou que multiplicar não é apenas crescer em números, mas crescer em impacto e reconhecimento. Quando sua mensagem é forte, clara e inspiradora, as pessoas passam a querer fazer parte da sua visão.

E para que isso aconteça, você precisa saber transmitir essa visão da forma certa. Se você quer ampliar seu impacto, precisa aprender a se comunicar de forma estratégica. Quando você consegue comunicar suas ideias de forma clara e autêntica, as pessoas se conectam e sentem vontade de fazer parte do que você está construindo. Líderes que dominam essa habilidade influenciam e mobilizam pessoas, criando movimentos que transformam realidades.

Uma das maneiras que encontrei para comunicar nossa visão e expandir nosso impacto foi através do Congresso EducAtiva, um evento que criamos com o propósito de gerar mudanças reais na educação. Desde 2019, reunimos gestores, educadores e especialistas para discutir inovação, aprendizagem e desenvolvimento, sempre trazendo um olhar prático e atualizado sobre os desafios do setor. A cada edição, buscamos inspirar e provocar reflexões, conectando conhecimento, tecnologia e comportamento para transformar a experiência de ensino e aprendizagem de forma significativa.

Além do EducAtiva, tenho levado minha mensagem para outros eventos e palestras na área da educação, compartilhando aprendizados e estratégias que podem fazer a diferença. Afinal, comunicar bem não é só sobre falar — é sobre gerar impacto, criar conexões e construir algo que vai além de você.

Seja nas redes sociais, em palestras e apresentações ou no dia a dia do seu negócio, pergunte-se:

Como eu posso transmitir minha visão de um jeito que inspire as pessoas ao meu redor?

Como eu posso criar um movimento que faça com que outras pessoas queiram se juntar a mim?

## A chave para a multiplicação

O empreendedorismo me ensinou que crescimento não se trata apenas de trabalhar duro, mas de trabalhar de forma inteligente. Para multiplicar, é preciso construir relacionamentos estratégicos (*networking*), formar novos líderes (liderança) e transmitir uma visão clara (influência).

Foi isso que nos permitiu sair de uma única unidade para construir uma rede de escolas, impactando milhares de alunos. E essa mesma estratégia pode ser aplicada a qualquer negócio.

Se você quer crescer de forma exponencial, não tente fazer tudo sozinho. Crie conexões genuínas, desenvolva líderes ao seu redor e aprenda a comunicar sua visão de forma clara e impactante.

O verdadeiro sucesso não está apenas no que você constrói, mas nas vidas que você transforma ao longo do caminho.

## O MÉTODO FORÇA MÁXIMA — INTELIGÊNCIA

Ter a **Mentalidade** certa e a **Atitude** necessária para agir são passos fundamentais. Mas, para **Multiplicar** o impacto e alcançar resultados sustentáveis, um outro ingrediente é necessário: **Inteligência**.

Sem inteligência, o crescimento fica limitado, as decisões são tomadas no escuro e as oportunidades passam despercebidas. A inteligência empreendedora é o que transforma esforço em estratégia, aprendizado em evolução, e desafios em degraus para o próximo nível.

Quando falo em inteligência, não me refiro apenas a conhecimento técnico ou um alto QI, falo sobre tomar decisões estratégicas, aprender continuamente e saber gerenciar emoções diante dos desafios. É o equilíbrio entre razão e emoção, conhecimento e ação, planejamento e execução.

Empreender sem inteligência estratégica é como dirigir um carro potente, mas sem GPS — você pode até andar rápido, mas sem um destino claro, qualquer caminho pode levar ao fracasso. E não é isso que queremos. O que buscamos é um crescimento sustentável e a capacidade de romper limites correndo riscos calculados.

Em um processo de expansão, cada fase do crescimento vai exigir uma nova versão do empresário. O Jhonatan que deu os primeiros passos como empreendedor não é o mesmo que lidera hoje um grupo consolidado no mercado da educação. O que me trouxe até aqui não será o suficiente para me levar adiante — e o mesmo vale para você. O conhecimento, as habilidades e a visão que funcionaram no passado não são mais suficientes.

Como mencionei antes, no livro livro *O Mito do Empreendedor*, Michael Gerber afirma que "qualquer limitação ao crescimento dos negócios que esteja relacionada às limitações pessoais do empresário deve ser vista como antinatural". Isso inclui a falta de conhecimento e das competências necessárias para conduzir o crescimento da empresa. Ou seja, para continuar avançando, o empresário precisa estar disposto a evoluir, pensar de forma diferente, agir com mais estratégia e aprender de forma contínua.

## Inteligência é romper barreiras

Muitos empresários trabalham duro, fazem sacrifícios, se dedicam ao máximo, mas, mesmo assim, ficam estagnados no mesmo lugar. Isso acontece porque eles continuam operando no mesmo nível de inteligência que os levou até ali.

Quer um exemplo? Se sua empresa cresceu até um determinado faturamento, foi porque sua estrutura, suas decisões e sua visão estavam alinhadas com essa realidade. Mas se você deseja dobrar esse faturamento, não adianta apenas dobrar o esforço. Se você quer um resultado diferente, você não pode continuar fazendo as mesmas coisas, do mesmo jeito, com a mesma mentalidade.

Já estive exatamente nesse ponto. Comecei minha jornada com coragem e muita disposição, mas sem as ferramentas certas. Tomei decisões sem clareza, confiei apenas no instinto e no desejo de fazer acontecer. E isso, apesar de ter me levado adiante, também me fez enfrentar desafios que poderiam ter sido evitados com uma visão mais estratégica e uma compreensão mais profunda da gestão do meu negócio.

Quando abrimos a primeira escola licenciada, eu e meus sócios não tínhamos noção do ponto de equilíbrio da empresa, e, para definir o valor da mensalidade, simplesmente olhamos o preço dos concorrentes. Não sabíamos que estávamos ignorando fatores essenciais, como estrutura de custos e margens de lucro. Além disso, não fazíamos ideia de quantas matrículas seriam necessárias para que a unidade operasse de forma saudável e lucrativa.

Mesmo assim, conseguimos fazer a escola crescer — mas crescemos no escuro, tateando o caminho sem saber exatamente onde estávamos pisando. Essa falta de clareza nos levou a abrir a segunda unidade repetindo os mesmos erros. O resultado? Dobramos os problemas e aumentamos a complexidade da operação sem ter o conhecimento e as habilidades necessárias para gerenciar tudo isso.

**Foi quando percebi que precisava enxergar além.**

O crescimento não acontece por acaso. Ele exige clareza, estratégia e adaptação. Se você não desenvolve **inteligência financeira**, pode estar escalando prejuízos sem perceber. Se não desenvolve **inteligência de gestão**, pode estar montando uma estrutura que não sustenta o crescimento. Se não desenvolve **inteligência de mercado**, pode estar insistindo em um modelo ultrapassado sem perceber que novas oportunidades estão surgindo ao seu redor. E se não desenvolve **inteligência emocional**, pode estar tomando decisões impulsivas, reagindo mal a desafios e sabotando seu próprio avanço.

**Toda barreira no seu negócio reflete uma barreira no seu nível de inteligência estratégica.**

E a única forma de romper essa barreira é **evoluir**.

## Inteligência é tomar decisões melhores

Ser empresário é ser um tomador de decisões. A cada dia, você precisa escolher para onde direcionar sua atenção, onde investir recursos, quais oportunidades abraçar e quais recusar. E cada uma dessas escolhas tem um impacto direto no futuro do seu negócio.

O problema é que muitos empresários tomam decisões baseadas apenas na emoção, sem estratégia, sem análise, sem dados concretos. Outros, por medo de errar, hesitam e perdem o *timing* certo para agir.

A inteligência estratégica está no **equilíbrio entre a razão e a emoção**. É ter consciência da sua decisão, saber quando confiar na intuição e quando buscar informações. É entender que algumas decisões precisam ser rápidas, e outras exigem um pouco mais de paciência. É aceitar que errar faz parte do processo, mas aprender com os erros e ajustar a rota é o que realmente nos faz avançar.

**Cada decisão que você toma hoje está moldando o seu amanhã.**

## Inteligência é se adaptar para crescer

O mundo muda. O mercado muda. A tecnologia muda. E muda cada vez mais rápido. Quem não acompanha, fica para trás. Quem resiste, perde espaço. Quem se acomoda, fica obsoleto.

Empresas que foram gigantes no passado hoje não existem mais, porque seus líderes não tiveram a inteligência de se adaptar às novas realidades. A Kodak, que dominava o mercado de fotografia, ignorou a revolução digital e foi ultrapassada. A Blockbuster, que reinou no setor de locação de filmes, subestimou o *streaming* e perdeu espaço para a Netflix. São exemplos conhecidos. Eles insistiram em modelos ultrapassados, ignoraram mudanças, ficaram obsoletos e foram engolidos pela inovação.

O empresário inteligente sabe que o jogo mudou: é preciso aprender e reaprender o tempo todo.

Quando comecei a empreender, eu não tinha a clareza que tenho hoje sobre gestão, crescimento e estratégia. Mas, à medida que fui enfrentando desafios, percebi que cada obstáculo era uma oportunidade para elevar meu nível de inteligência.

Foi essa dinâmica que me fez crescer como pessoa e como empresário, mesmo depois de enfrentar dificuldades financeiras, mesmo depois de tomar decisões erradas, mesmo depois de aprender na prática tudo que eu não sabia quando comecei.

Precisei me adaptar, aprender e evoluir para continuar crescendo.

E esse processo **nunca para**.

## Inteligência é sempre se preparar para o próximo nível

Depois de passar por muitas dificuldades no início da minha trajetória, entendi que precisava aprender mais sobre gestão. Mas só quando fui questionado sobre faturamento, margem de contribuição e ponto de equilíbrio em uma imersão de negócios é que percebi o quanto ainda desconhecia sobre minha própria empresa. Foi um choque de realidade. Eu estava limitado pelo meu conhecimento, e precisava me preparar para superar esse limite e avançar para o próximo nível.

A partir dali, mergulhei em cursos, treinamentos e livros, buscando respostas para as perguntas que eu sequer sabia que deveria fazer. Com esse conhecimento, minha visão começou a mudar. Passei a entender que crescimento sem estrutura e sem planejamento gera mais problemas do que resultados. Percebi que cada novo nível de sucesso exige um novo nível de inteligência, clareza e tomada de decisão estratégica. E isso se tornou um princípio para mim: a cada topo alcançado, eu precisaria buscar mais conhecimento para continuar crescendo.

Se você quer ter sucesso nos negócios, precisa desenvolver a inteligência de um eterno aprendiz: buscar conhecimento e se adaptar constantemente. No meu caminho como empresário, aprendi que a inteligência não é um dom, mas sim uma busca constante por conhecimento e adaptação. É isso que diferencia os negócios que prosperam.

Por isso, estou sempre me perguntando:

**Qual é o meu próximo nível?**

**O que está me impedindo de crescer?**

**Qual conhecimento, habilidade ou estratégia eu preciso desenvolver para avançar?**

A verdadeira inteligência não está em saber todas as respostas, mas em saber quais perguntas fazer para encontrar essas respostas.

Se você quer levar sua empresa para um novo patamar, precisa primeiro levar a sua inteligência para um novo nível.

E a pergunta que fica é: **como você está se preparando para o que vem a seguir?**

## O MÉTODO FORÇA MÁXIMA – MARCA

No mundo dos negócios, sua marca é muito mais do que um nome bonito e impactante ou um logotipo bem desenhado. Ela é a alma do seu negócio, aquilo que faz as pessoas se conectarem e se identificarem com o que você oferece. Marca é cultura. Está presente em cada decisão que você toma, em cada interação com funcionários e parceiros e na experiência que você entrega aos seus clientes. Se sua cultura for fraca, sua marca será só mais uma no mercado. Mas se for forte, ela vira um movimento — algo que não só atrai pessoas, mas que as faz querer fazer parte da sua história.

Eu aprendi isso na prática. Quando decidimos criar a nossa própria marca, abandonando o modelo de licenciamento, não foi apenas uma mudança de nome. Foi uma declaração de identidade. Durante anos, operamos sob uma marca licenciada, que não refletia totalmente o que acreditávamos e nem como queríamos impactar a educação. Sentíamos que havia algo faltando. Tínhamos uma cultura forte, um jeito próprio de ensinar e de nos conectar com nossos alunos e suas famílias, mas carregávamos um nome que não era nosso. Era como vestir um uniforme que não nos caía bem.

Foi assim que nasceu a marca **FORÇA MÁXIMA**. O nome traduzia tudo o que acreditávamos: a ideia de desafiar limites, de buscar a alta *performance* e de incentivar cada aluno a explorar seu verdadeiro potencial. Não era apenas uma troca de identidade visual, mas sim a formalização de uma cultura que já existia.

## CPF e CNPJ devem estar alinhados

Uma empresa carrega o DNA do seu fundador. O que você acredita, seus valores e sua visão de mundo estarão, inevitavelmente, refletidos no seu negócio. No meu caso, sempre acreditei que a educação deveria ir além do ensino de conteúdo, ajudando os alunos a se prepararem para a vida. Eu queria que minha escola fosse mais do que um colégio; queria que fosse uma família, um lugar onde os alunos se sentissem acolhidos e incentivados a crescer.

Isso precisa estar claro para você: sua marca não é algo separado de quem você é. **O CPF e o CNPJ devem estar alinhados**. Se você tem um negócio, mas os valores que pratica na sua empresa são diferentes dos valores que carrega na sua vida pessoal, cedo ou tarde isso irá transparecer. O cliente sente quando algo é autêntico e quando é forçado.

Uma empresa que se preocupa com educação, por exemplo, precisa transparecer isso em todos os aspectos. Desde a forma como os professores são valorizados até a maneira como os alunos e suas famílias são atendidos. Cultura organizacional não é um quadro na parede com missão, visão e valores. Cultura é aquilo que é vivido diariamente dentro da sua empresa.

## O peso de uma marca forte

Construir uma marca forte e autêntica não é uma tarefa fácil, mas é uma estratégia essencial para ampliar seu impacto e garantir crescimento e sucesso a longo prazo. Uma marca forte é aquela que:

- **Gera conexão emocional:** pessoas não se conectam com produtos ou serviços, mas sim com histórias e propósitos. Se sua marca tem um significado forte, ela vai atrair clientes que compartilham dos mesmos valores.
- **Cria uma identidade clara:** em um mercado competitivo, ter uma marca e um posicionamento bem definidos ajuda seu negócio a se destacar e ser lembrado.
- **Facilita a tomada de decisões:** quando você tem clareza sobre

os valores da sua empresa, fica mais fácil decidir quais caminhos seguir, que produtos lançar e quais oportunidades aceitar ou recusar.

- **Aumenta o valor do seu negócio:** marcas são ativos. Uma empresa com uma marca forte tem muito mais valor do que uma empresa sem identidade.

## A cultura de uma marca como fator de crescimento

Nosso crescimento como rede de escolas só foi possível porque conseguimos transformar nossa cultura em um sistema replicável. Quando percebemos que conseguíamos implantar o "jeito Força Máxima" de ensinar em qualquer unidade, mesmo operando a distância, entendemos que estávamos prontos para um novo salto: a expansão por meio de franquias.

O crescimento sustentável de um negócio não acontece apenas com boas estratégias ou investimentos bem planejados — ele precisa de uma base sólida, e essa base é a cultura. Foi a cultura forte do Colégio Força Máxima que nos permitiu expandir sem perder nossa identidade, garantindo que cada nova unidade carregasse a mesma essência, o mesmo jeito de ensinar e de se relacionar com os alunos e suas famílias, os mesmos valores e o mesmo compromisso com a excelência.

Quando a cultura de um negócio é forte e bem definida, o crescimento deixa de ser um salto no escuro e se torna um processo estruturado. Foi assim que conseguimos expandir sem perder identidade, qualidade ou impacto em cada nova unidade. Cultura não é um detalhe — é a base que sustenta e diferencia uma marca no mercado.

Ao longo dos anos, percebi que marcas que crescem e se consolidam são aquelas que não apenas oferecem um bom serviço ou produto, mas que criam um ambiente onde clientes, funcionários e parceiros se conectam com um propósito maior. Quando lançamos a campanha *"Eu sou Força Máxima"*, fortalecemos esse senso de pertencimento, mostrando que nossa marca não era apenas um nome, mas uma identidade compartilhada por todos que faziam parte dela.

Se você quer escalar seu negócio sem perder a essência, comece pela cultura. Defina seus valores, viva esses princípios no dia a dia e construa um time que acredite na missão e na visão da sua empresa. A expansão do seu negócio não acontece apenas no número de unidades ou na receita, mas na força da marca que você constrói ao longo do caminho.

## Como comunicar a cultura da sua empresa

Durante a transição da escola licenciada para a nossa própria marca, o que realmente fez a diferença foi garantir que cada unidade, cada professor e cada aluno vivenciassem, na prática, o jeito Força Máxima de ensinar. Criamos uma identidade forte, reconhecida não apenas pelo que dizíamos, mas, principalmente, pelo que fazíamos.

Não basta construir uma cultura forte — é preciso comunicá-la de forma clara e consistente. E isso vai muito além de um documento bem elaborado ou de uma apresentação inspiradora para a equipe. A cultura de uma empresa não deve ser apenas declarada, mas vivida no dia a dia. Clientes, colaboradores e parceiros precisam percebê-la em cada detalhe: nas decisões tomadas, na postura dos líderes e na forma como a empresa se posiciona no mercado.

A cultura de uma empresa pode ser comunicada de várias maneiras:

**A cultura começa pelo exemplo** — eu sempre acreditei que cultura se constrói de cima para baixo. Se a liderança não vive os valores que defende, ninguém mais vai levar isso a sério. Por isso, sempre fiz questão de mostrar, na prática, o que significa o jeito Força Máxima de fazer as coisas. Se queremos disciplina e comprometimento dos nossos alunos, precisamos primeiro demonstrar isso como gestores e educadores.

**Contratação e treinamento moldam a cultura** — a cultura de uma empresa é moldada pelas pessoas que fazem parte dela. Não adianta contratar um profissional altamente qualificado se ele não compartilhar seus valores. Isso vai gerar conflitos internos, desalinhamento e pode comprometer a imagem da marca. Empresas com cultura forte contratam pessoas alinhadas aos seus valores e reforçam isso em treinamentos constantes.

**A experiência do cliente precisa refletir sua cultura** — se sua empresa preza pelo atendimento humanizado, cada contato com o cliente precisa reforçar isso. Se o diferencial do seu negócio é inovação, cada processo deve refletir essa busca constante por melhorias. No nosso caso, desde a recepção das escolas até a forma como nossos professores se relacionam com os alunos, tudo precisa transparecer nosso compromisso com a excelência no ensino.

**A comunicação precisa reforçar seus valores** — a forma como sua empresa se comunica com funcionários, clientes e fornecedores também reforça sua cultura. Isso vai desde reuniões e *e-mails* internos até a linguagem utilizada nas redes sociais e materiais de *marketing*. Quando criamos a campanha **"Eu sou Força Máxima"**, não foi apenas um *slogan* legal, mas uma maneira de conectar nossa equipe e nossos alunos à identidade da marca.

**Ambiente e processos também comunicam cultura** — não basta dizer que a cultura é importante — ela precisa ser vista em cada detalhe. O jeito como os funcionários se relacionam, a maneira como os desafios são encarados e até o espaço físico da empresa falam sobre a identidade do seu negócio. Quando decidimos reformar nossas escolas, não foi apenas uma questão estética, mas uma forma de reforçar nossa cultura de qualidade, organização e alto desempenho.

Se a cultura da sua empresa não for comunicada de forma clara e intencional, ela será definida por acaso. E isso pode não jogar a seu favor. Por isso, garanta que seus valores sejam transmitidos em todas as interações, processos e decisões. Quando sua cultura é bem comunicada e vivida dentro da empresa, ela se torna um diferencial competitivo poderoso. As pessoas passam a se identificar com a marca não apenas pelo que ela vende, mas pelo que ela representa.

## Afinal, o que sua marca representa?

Poucas empresas sabem como construir e utilizar uma marca de forma estratégica. Sua marca não é apenas o que você diz que ela é, mas o que os outros percebem sobre ela. É o que clientes, funcionários e fornecedores sentem e falam sobre o seu negócio, e **essa percepção está diretamente ligada aos seus valores e à cultura da sua empresa**.

Toda empresa tem uma cultura, quer você a defina ou não. Como você viu, ela se manifesta no seu jeito de conduzir o negócio, na forma como sua equipe trabalha e se relaciona, na experiência que seus clientes vivem e na maneira como sua empresa se posiciona no mercado. Se essa cultura não for intencional e alinhada aos seus valores, ela será percebida pelo que clientes, colaboradores e parceiros dizem sobre a empresa — e essa percepção pode não ser a que você gostaria de transmitir.

Uma empresa que nunca parou para definir sua cultura pode acabar criando um ambiente onde cada setor ou funcionário age de maneira diferente, sem processos definidos e sem uma identidade clara. Imagine um restaurante onde o atendimento varia de acordo com o humor do garçom do dia. Em um dia, o cliente é recebido com um sorriso e atenção; no outro, recebe um serviço apático e desinteressado. Esse tipo de inconsistência acontece quando a cultura não foi definida intencionalmente, fazendo com que a experiência do cliente dependa mais da sorte do que de um padrão bem estabelecido.

Agora, pense em marcas como a Disney, em que a cultura é tão forte que qualquer funcionário, independentemente da função, sabe que seu papel principal é criar magia para o cliente. Lá, a experiência é planejada em cada detalhe, desde a forma como os colaboradores interagem com o público até a maneira como os espaços são organizados. Esse é um exemplo clássico de uma cultura bem definida, em que a marca transmite exatamente o que deseja representar para o mercado.

E aqui está um ponto bem importante: a sua marca também define se um cliente vai ou não comprar de você. As pessoas não compram apenas produtos ou serviços, elas compram a experiência, os valores e a identidade por trás da marca. O que sua empresa representa faz toda a diferença na decisão de compra.

Por isso, deixo aqui algumas reflexões interessantes para você aplicar no seu negócio:

- O que sua marca realmente representa para o mercado e para quem convive com ela?

- O que seus clientes, funcionários e fornecedores dizem sobre você quando você não está na sala?
- A cultura da sua empresa foi formada de maneira intencional ou simplesmente aconteceu?
- Seus valores aparecem no dia a dia da operação ou são apenas palavras bonitas em um documento?
- Se você precisasse explicar o "jeito" da sua empresa, conseguiria fazer isso de forma clara e objetiva?
- O que faz com que sua marca seja lembrada e diferenciada no seu segmento? Ela é lembrada pelo motivo certo?
- Por que um cliente deveria escolher sua empresa e não a concorrência?
- Seu CNPJ reflete seu CPF? O que você acredita e pratica na sua vida pessoal está alinhado com os valores da sua empresa?

Uma marca forte é aquela que resiste ao tempo, porque tem um significado maior do que apenas vender um produto ou serviço. É aquela que cria uma conexão real com as pessoas e deixa um legado.

Uma marca forte nasce de uma cultura bem definida. E a cultura é moldada todos os dias, nas pequenas e grandes decisões. Como a sua tem sido construída?

## O MÉTODO FORÇA MÁXIMA — ACREDITAR

Acreditar é o combustível da jornada empreendedora. Nos momentos mais desafiadores, quando tudo parece dar errado e os resultados ainda não apareceram, é a fé que nos mantém de pé. Mas não estou falando apenas de fé no sentido religioso. Estou falando da crença no próprio potencial, na sua missão, na capacidade de persistir e superar qualquer obstáculo. Estou falando de acreditar no processo.

Ter fé no processo significa entender que cada etapa, por mais difícil que seja, faz parte da construção do seu resultado, da sua história. É acreditar que o esforço que você está fazendo agora, mesmo que ainda não tenha gerado frutos, está te levando na direção certa. Significa confiar que cada desafio, cada erro e cada pequena vitória são etapas fundamentais no caminho para o sucesso.

Muitas vezes, esse caminho não será fácil. Em alguns momentos, você vai se questionar, sentir que não está saindo do lugar ou pode até pensar em desistir. Mas aqueles que realmente confiam no processo sabem que o crescimento acontece mesmo quando os resultados ainda não são visíveis.

Grandes atletas, artistas e empreendedores de sucesso entendem isso. Michael Jordan, por exemplo, foi cortado do time de basquete da escola, mas acreditou no processo, treinou incansavelmente e se tornou um dos maiores jogadores da história. Steve Jobs foi demitido da própria empresa, mas continuou confiando em sua visão até revolucionar o mercado de tecnologia.

Esses exemplos mostram que acreditar no processo não significa apenas ter esperança, mas agir com convicção, sabendo que cada esforço é válido e necessário para construir o futuro que você deseja. E, acima de tudo, é acreditar que você é capaz de enfrentar o que vier pela frente.

Então, quando os desafios aparecerem e as dúvidas surgirem, lembre-se: você pode não ver os resultados agora, mas se continuar avançando, aprender com os erros e se manter firme, o progresso virá. O sucesso é inevitável para aqueles que acreditam e permanecem comprometidos com a jornada.

## Quando tudo parece estar contra você

A vida tem uma forma peculiar de nos testar. Às vezes, justo quando alcançamos um ponto alto, ela nos empurra para um abismo. Em 2020, eu vivi isso na pele. Estávamos no melhor momento da história da nossa empresa, crescendo e consolidando nosso impacto na educação. Tínhamos acabado de inaugurar novas unidades e alcançado resultados financeiros excelentes.

E, então, a pandemia chegou.

O que parecia só um problema distante se tornou uma avalanche. Escolas fechadas, pais inseguros, alunos afastados das salas de aula. O mundo parou. Ninguém estava preparado para aquilo. De repente, tudo o que construímos parecia em risco.

Foi nesse momento que precisei me lembrar do que sempre acreditei: para tudo existe um processo, e cada crise traz uma oportunidade de reinvenção. Mantivemos a fé, nos adaptamos rápido e conseguimos transformar o nosso modelo de ensino, levando a experiência "Força Máxima" também para o digital. Fomos uma das primeiras redes a estruturar aulas *online* com qualidade, e isso fez toda a diferença.

Mas os desafios não pararam por aí. Enquanto lidávamos com a crise na empresa, fui surpreendido com a notícia mais difícil da minha vida: meu filho estava perdendo a visão. Como pai, me vi diante de uma dor que eu jamais poderia imaginar. O medo, a insegurança, o sentimento de impotência tentavam tomar conta de mim.

Mais uma vez, eu escolhi acreditar. Acreditar que encontraríamos caminhos, que minha família se fortaleceria, que Emanuel aprenderia a viver com autonomia e com ainda mais força. E foi exatamente o que aconteceu. Encontramos apoio, fizemos adaptações e descobrimos um novo olhar para a vida. E, acima de tudo, aprendemos que **acreditar sempre vale a pena**.

## A força de quem acredita em si mesmo

A autoconfiança certamente é um dos pilares do sucesso. Sem ela, não conseguimos dar passos importantes, correr riscos calculados ou nos recuperar depois de um fracasso. Acreditar em si mesmo é essencial porque, antes de qualquer outra pessoa enxergar valor no que você faz, você precisa enxergar primeiro.

**A crença que você tem em si mesmo molda sua jornada.**

Você já sabe que, quando abrimos a primeira escola licenciada, eu e meus sócios não tínhamos experiência em gestão escolar, muito menos um modelo estruturado para seguir, como acontece em uma franquia. Não havia treinamento, suporte ou um guia para nos dizer exatamente o que fazer. Mas eu tinha algo poderoso: a crença inabalável de que faríamos dar certo. Em meio a desafios financeiros e à pressão de fazer a escola crescer, eu entendi que, se não acreditasse no meu próprio potencial, ninguém faria isso por mim.

Napoleon Hill, em seu livro *A Lei do Triunfo*, destaca a autoconfiança como uma das leis fundamentais para o sucesso. Após mais de 20 anos estudando e entrevistando algumas das pessoas mais bem-sucedidas de sua época, como Henry Ford e Thomas Edison, ele concluiu que a autoconfiança se desenvolve à medida que eliminamos nossos medos e fortalecemos a crença em nosso próprio potencial.

O medo da crítica, do fracasso, da escassez e até mesmo do sucesso são barreiras invisíveis que impedem muitas pessoas de avançar. Hill afirmava que, enquanto estivermos presos a esses medos, não conseguiremos explorar nosso verdadeiro potencial. E isso faz sentido: quantas oportunidades são desperdiçadas simplesmente porque alguém duvidou de si mesmo?

Resiliência também faz parte desse processo. Grandes realizações não acontecem da noite para o dia. Elas exigem consistência, dedicação e, acima de tudo, a capacidade de continuar acreditando, mesmo quando tudo parece difícil.

Walt Disney foi demitido de um jornal porque disseram que ele "não tinha imaginação" e, anos depois, construiu um universo mágico que revolucionou o entretenimento. Seu império nasceu exatamente daquilo que duvidaram: sua capacidade de sonhar e transformar sua imaginação em realidade. Oprah Winfrey foi rejeitada várias vezes antes de se tornar um ícone da comunicação. Essas pessoas tinham algo em comum: mesmo diante das adversidades, acreditaram no próprio potencial e seguiram em frente.

Quando você acredita em si mesmo, abre portas que antes pareciam trancadas — e descobre que o maior limite sempre esteve na sua mente.

## A gratidão me fortalece

Quando estamos no meio de um desafio, é normal focar apenas no problema. Já passei por situações em que parecia que tudo estava desmoronando, e a única coisa que eu conseguia enxergar eram os problemas. Mas com o tempo, percebi que um dos maiores segredos para manter a fé é aprender a ser grato — não apenas quando as coisas vão bem, mas principalmente quando parecem não estar dando certo.

A gratidão me ajuda a lembrar do caminho que já percorri, das batalhas que já venci e da minha capacidade de superar obstáculos. Houve momentos em que achei que não conseguiria seguir em frente, que os problemas eram grandes demais. Mas quando parei para olhar para trás e reconhecer tudo o que já tinha conquistado, minha perspectiva mudou.

Isso não significa ignorar as dificuldades, mas sim equilibrar a visão. Se eu cheguei até aqui, por que não conseguiria avançar mais um pouco? Quantas vezes já superei desafios que pareciam impossíveis? Quando você reconhece e agradece pelas suas vitórias, sua confiança cresce. E quanto mais confiante você estiver, mais força terá para seguir adiante.

Grandes líderes e empreendedores sabem disso. Tony Robbins sempre diz: "Onde o foco vai, a energia flui". Se você foca no problema, ele cresce. Se foca nas soluções e no que já conquistou, gera força para continuar. Eu vivi isso na prática. Todas as vezes que me senti no limite, a gratidão me ajudou a encontrar a energia necessária para dar mais um passo. E, às vezes, um único passo já é o suficiente para mudar tudo.

## O poder de imaginar e visualizar

Outro elemento fundamental para manter a crença no processo é a capacidade de imaginar e visualizar o futuro. A maioria das pessoas de sucesso usa essa prática. Michael Phelps, o maior nadador da história, visualizava cada detalhe de suas provas antes de cair na piscina. Ele se via nadando, batendo na borda primeiro e recebendo a medalha. Jim Carrey, antes de se tornar um dos atores mais bem pagos de Hollywood, escreveu um cheque para si mesmo no valor de 10 milhões de dólares e datou para dez anos no futuro. Ele olhava esse cheque o tempo todo e, anos depois, recebeu exatamente esse valor por um de seus filmes.

Quando você visualiza algo com clareza e intensidade, seu cérebro trabalha para transformar essa imagem em realidade. Eu sempre mentalizo meus objetivos futuros. Lembro das minhas histórias de superação para me inspirar e gerar crença em mim mesmo. Porque o primeiro passo para realizar é acreditar que é possível.

Se você está passando por um momento difícil, pare por um instante, feche os olhos e se visualize superando cada obstáculo. Imagine-se chegando lá, conquistando seus objetivos, vivendo a realidade que deseja. Esse exercício não é só motivação — é uma forma de reforçar sua crença e alinhar sua mente com o que você quer construir.

## Acreditar: o que te mantém em movimento

Não espere que tudo esteja perfeito para confiar no processo. Acredite no seu potencial, mesmo sem ter todas as respostas. Acredite no processo. Mas não é só acreditar que vai dar certo, e sim agir como quem acredita. Essa combinação de fé e ação é o que transforma cenários impossíveis em grandes histórias de sucesso.

Dê o primeiro passo e se comprometa com o caminho. E quando os desafios surgirem, lembre-se: você já venceu muitas batalhas para chegar até aqui.

## Agora é com você

Acreditar não é apenas ter esperança, é agir como quem já sabe que vai chegar lá. Mas, para isso, é preciso mais do que apenas vontade — é necessário ter uma visão clara do caminho e uma estratégia bem definida. E é exatamente essa a proposta do **Método Força MÁXIMA** para gerar resultados consistentes.

Se você desenvolver a **mentalidade** certa, agir com **atitude**, aprender a **multiplicar** seus resultados, usar a **inteligência** para tomar decisões estratégicas, construir uma **marca** forte e, acima de tudo, **acreditar** no seu potencial, alcançar seus objetivos deixa de ser uma possibilidade e passa a ser uma consequência natural do seu esforço e comprometimento.

Porque quem acredita de verdade não apenas sonha — constrói, avança e faz acontecer.

A pergunta que fica é: **até onde vai a sua força?**

CAPÍTULO 8

# A FORÇA DA MENTORIA: DESBLOQUEANDO O PRÓXIMO NÍVEL

Provavelmente, você já ouviu falar de Steve Jobs — o fundador da Apple e idealizador de produtos icônicos, como o MacBook, o iPod e o iPhone. Mas talvez não conheça a história que vou compartilhar agora.

Jobs fundou a Apple em 1976, ao lado de Steve Wozniak e Ronald Wayne — que vendeu sua parte na sociedade poucos dias depois. No entanto, em 1985, Jobs foi afastado da companhia após perder uma disputa de poder com o então CEO. Depois disso, ele criou uma nova empresa, a NeXT, e comprou a Pixar, que na época pertencia a George Lucas, o diretor de "Guerra nas Estrelas".

Anos depois, em 1997, a Apple estava à beira do colapso, enfrentando sérias dificuldades financeiras, perdendo participação de mercado e com uma linha de produtos que muitos consideravam confusa e obsoleta. A inovação, que sempre foi a marca registrada da empresa, parecia ter desaparecido. Nessa situação crítica, Jobs retornou à Apple, mais de uma década depois de ter saído.

Inicialmente, ele voltou como conselheiro, mas rapidamente reassumiu seu papel de liderança para resgatar a Apple da crise. Embora fosse extremamente talentoso e visionário, Jobs reconheceu que precisava de apoio para salvar a empresa que havia criado.

Nesse período, Jobs pediu conselhos a Andy Grove, o então CEO da Intel, com quem começou a se relacionar quando comprou a Pixar. Grove era um executivo experiente no setor de tecnologia, conhecido por sua liderança e habilidade em conduzir negócios em tempos de incerteza. Nessa mentoria informal, Grove ofereceu conselhos e sugeriu estratégias valiosas que ajudariam a Apple a retomar o caminho do sucesso.

Ao ouvir alguém que já havia liderado uma empresa em tempos turbulentos e alcançado grande crescimento, Jobs compreendeu o que precisava fazer para mudar aquela situação. A partir daí, Steve Jobs implementou mudanças drásticas e necessárias para reerguer a empresa, além de definir uma visão clara do que a Apple poderia novamente se tornar. Jobs teve *insights* que o levaram a desenvolver produtos que não só elevaram a Apple a uma das empresas mais valiosas do mundo, mas também moldaram o futuro da tecnologia e o uso de dispositivos eletrônicos.

Trago essa história para mostrar como até mesmo os empresários mais consolidados e visionários podem se beneficiar da experiência, conhecimento e orientação de outros. O exemplo de Jobs não é apenas sobre como a Apple saiu da beira da falência para se tornar uma das empresas mais amadas e valiosas do mundo, mas também sobre a humildade e a sabedoria dele em buscar e valorizar conselhos de quem já tinha trilhado um caminho semelhante.

E é sobre isto que quero discutir neste capítulo: a importância de um empreendedor ter humildade para pedir ajuda e saber ouvir quando necessário. A mentoria não apenas ajuda um negócio em momentos difíceis ou na busca por crescimento; ela também transforma o empreendedor. Assim como Jobs teve Andy Grove como mentor, vários empresários de sucesso contam com esse tipo de apoio. Acredito firmemente que qualquer empresário possa alcançar novos patamares com a orientação certa.

## Como a mentoria foi importante na minha trajetória

Minha própria trajetória foi marcada por mentores que me ajudaram a enxergar além dos desafios imediatos e a pensar de maneira mais ampla e estratégica. Foi assim, e também graças ao apoio dos meus sócios e das pessoas que sempre estiveram ao meu lado, que consegui transformar uma escola licenciada em um grupo empresarial. Essa evolução não teria sido possível sem a busca por ajuda e orientação especializada em momentos cruciais dessa jornada.

É importante esclarecer que quando falo de mentoria, não me refiro apenas a um processo formal ou um serviço pago. Esse apoio pode vir de outros empreendedores na sua rede de contatos, de sócios, ou até mesmo de grandes empresários que você acompanha nas redes sociais. Durante minha jornada, eu mesmo aprendi muito acompanhando o Flávio Augusto, fundador da Wise Up.

É claro que essas situações são diferentes. Embora acompanhar alguém nas redes sociais possa ser inspirador e proporcionar aprendizados valiosos, a mentoria pessoal oferece um envolvimento mais profundo e direcionado, adaptado às suas necessidades específicas — algo que uma interação virtual com uma pessoa que não te conhece não pode oferecer. Se você ainda não deu o primeiro passo nesse sentido, o mais importante é começar a buscar orientação e inspiração para evoluir e alcançar os resultados que deseja.

Após mais de 17 anos de jornada no empreendedorismo, considero que meu maior ganho com as mentorias foi a evolução pessoal. Hoje, vejo alguns desafios que enfrentei como erros primários, e as dúvidas e incertezas que surgiram no início do negócio agora parecem triviais. No entanto, cada um desses momentos foi fundamental para minha formação como empresário. Eu precisei ser aquele Jhonatan para me tornar quem sou hoje. Foi um processo.

No início da minha jornada, eu fazia as coisas de maneira bastante intuitiva — algo que não recomendo a ninguém. Corri muitos riscos e hoje percebo que demorei para subir alguns degraus. Como já mencionei em outras ocasiões neste livro, sempre busquei conhecimento quando não sabia lidar com um desafio. Essa busca constante por aprendizado me abriu os olhos para a importância da mentoria e para a necessidade de contar com pessoas que já haviam percorrido o caminho que eu estava seguindo.

As mentorias me ajudaram a montar o quebra-cabeça da minha vida profissional. Busquei conhecimento e apoio para superar desafios e aproveitar oportunidades de crescimento. Nossa cultura, o jeito Força Máxima de ensinar, surgiu de forma natural, mas o estudo aprofundado sobre cultura organizacional — tanto no meu mestrado quanto por meio de treinamentos e mentorias — transformou completamente a minha visão sobre o tema.

Esse novo entendimento me permitiu potencializar ainda mais a nossa marca e a nossa cultura, aprimorando a experiência que oferecemos aos nossos clientes e fortalecendo nossa identidade no mercado. Com o mestrado, adquiri o conhecimento teórico que embasava o que eu praticava sem ter plena consciência. Por meio dos treinamentos e mentorias, descobri como aplicar essa teoria à minha realidade, gerando excelentes resultados.

Isso se repetiu na gestão financeira da escola — quando no início não tínhamos nem mesmo controle de quem estava inadimplente e evoluímos para o desenvolvimento de um sistema de gestão personalizado. Aconteceu também no planejamento para a mudança de marca para Força Máxima, nas estratégias de vendas e no planejamento de expansão por meio de franquias. Em todas essas áreas, procurei o conhecimento técnico e depois a orientação de profissionais especializados.

Sempre investi, e ainda invisto, em mentorias para cada área da minha vida. Gosto da ideia de ter um mentor para acelerar o meu crescimento e me ajudar a chegar mais rápido onde quero. Não tenho tempo a perder. A vida é uma só, e eu quero extrair o melhor dela.

**"O melhor investimento que você pode fazer é em si mesmo."**
*Warren Buffett*

## A arrogância do empreendedor

A falta de conhecimento e a ausência de orientação e apoio de pessoas mais experientes em momentos críticos são, sem dúvida, alguns dos motivos que contribuem para a alarmante taxa de mortalidade das empresas no Brasil. Alguns empreendedores aprendem com os erros e começam um novo empreendimento, mas outros simplesmente desistem de empreender.

Não tenho dúvidas de que um dos maiores obstáculos que muitos empreendedores enfrentam é a resistência em buscar ajuda. É comum ver pessoas convencidas de que podem resolver tudo sozinhas, achando que pedir ajuda é sinal de fraqueza. Esses empreendedores se consideram super-heróis, e essa mentalidade pode ser o principal motivo pelo qual os negócios não avançam.

Quando você acredita que precisa carregar todo o peso sozinho, corre o risco de perder lições valiosas que poderiam ter sido aprendidas com aqueles que já enfrentaram desafios semelhantes. Às vezes, precisamos de alguém de fora que possa nos dizer: "Ei, já passei por isso e aqui está o que funcionou para mim".

Outro grande desafio que muitos empreendedores enfrentam é a dificuldade em identificar seus próprios "pontos cegos". No contexto empresarial, um ponto cego se refere a áreas ou aspectos do negócio que o empreendedor, por diversos motivos — como falta de experiência, viés pessoal ou foco excessivo em determinadas áreas da empresa —, não consegue enxergar ou avaliar de maneira adequada. É como um ângulo morto na visão de um motorista: uma área que não é diretamente visível e que pode representar um perigo se ele não tentar observar por outros meios enquanto dirige.

Na verdade, a própria resistência em buscar informações e ouvir alguém mais experiente pode ser um desses pontos cegos, impedindo o empreendedor de reconhecer suas próprias limitações e de encontrar soluções. Um mentor, nesse sentido, atua como um "espelho retrovisor extra" ou um "GPS", oferecendo uma nova perspectiva, ajudando a identificar fraquezas ocultas — que os pontos cegos impedem de enxergar — e compartilhando estratégias que já foram testadas e aprovadas por outros. Isso pode economizar um tempo precioso e evitar que você desperdice energia e recursos em direções que não levam a lugar algum, muito menos para onde você realmente quer chegar.

A crença de "eu consigo fazer isso sozinho" pode parecer admirável, mas, na realidade, pode nos isolar e limitar o nosso crescimento. É justamente nesse ponto que está um dos maiores benefícios da busca por conhecimento e orientação: a ampliação e o fortalecimento da sua rede de contatos. Um mentor, muitas vezes, age como um elo, conectando você a pessoas estratégicas que podem auxiliar na resolução de problemas específicos. Além disso, a participação em treinamentos e mentorias em grupo proporciona o contato com outros empresários que podem contribuir de diversas maneiras, inclusive abrindo portas para novas oportunidades de negócios e parcerias.

Admitir que você não tem todas as respostas é, na verdade, um sinal de força, não de fraqueza. O verdadeiro poder está em reconhecer que, como empreendedores, fazemos parte de uma comunidade, e compartilhar experiências apenas fortalece essa rede. Buscar evolução não é apenas sobre aprimorar suas habilidades; é também sobre construir conexões que podem levar ao sucesso. Afinal, como dizem por aí, "juntos somos mais fortes!".

## ENCONTRE SUA FORÇA!

### Pausa para reflexão

Carol Dweck, em seu livro "Mindset: A Nova Psicologia do Sucesso", explora a diferença entre um *mindset* fixo e um de crescimento.

Empreendedores com um *mindset* fixo acreditam que suas habilidades e inteligência são traços imutáveis. Eles pensam que não podem evoluir ou que o que já sabem é o suficiente. A pessoa com *mindset* fixo pode evitar desafios por medo do fracasso e se sente ameaçada pelo sucesso dos outros. A arrogância, como discutido neste capítulo, muitas vezes disfarça esse medo, criando uma falsa sensação de autossuficiência.

Por outro lado, aqueles com um *mindset* de crescimento encaram desafios como oportunidades de aprendizado e veem o esforço como o caminho para dominar novas habilidades.

Normalmente, essas pessoas são otimistas e estão sempre visualizando um futuro promissor.

Diante disso, reflita:

Quais oportunidades de aprendizado e crescimento você pode ter perdido simplesmente por não pedir ajuda? Quais desafios você tem evitado por medo de não ser bom o suficiente?

Como você pode começar a cultivar um *mindset* de crescimento, abraçando o aprendizado contínuo e reconhecendo que pedir ajuda é um sinal de força, e não de fraqueza?

Como você pode expandir sua rede de contatos para incluir pessoas que possam enriquecer sua experiência empresarial e ajudar a superar os desafios que você enfrenta?

**A crença de "eu consigo fazer isso sozinho" pode parecer admirável, mas, na realidade, pode nos isolar e limitar o nosso crescimento.**

## Busca de conhecimento *versus* mentoria

Buscar ajuda com mentorias não significa que você deve deixar de lado a busca por conhecimento; muito pelo contrário. Eu diria que um complementa o outro. O conhecimento traz clareza e ajuda na sua evolução, enquanto a mentoria serve para explorar e potencializar todo esse aprendizado, transformando o conhecimento em ações concretas necessárias para o crescimento da sua empresa.

No capítulo 4, mencionei a teoria dos 4 Estágios do Aprendizado. O primeiro estágio é o da incompetência inconsciente, quando você não tem consciência de que não sabe algo. A mentoria desempenha um papel significativo nesse processo, pois o mentor, com sua experiência e *expertise*, pode apontar as competências que você precisa desenvolver para evoluir.

Ao facilitar essa tomada de consciência, o mentor te ajuda a avançar para o próximo estágio, onde você se torna ciente de suas lacunas de conhecimento e começa a trabalhar para preenchê-las. Além disso, o mentor pode te inspirar a buscar conhecimentos adicionais, indicando leituras, cursos, eventos ou experiências que possam ampliar sua compreensão sobre a sua área de atuação e sobre negócios, de maneira geral.

É importante ressaltar que a mentoria oferece uma perspectiva que muitas vezes não pode ser adquirida apenas por meio do estudo. Um mentor pode compartilhar histórias pessoais de sucesso e fracasso, proporcionando uma compreensão mais profunda do que realmente funciona na prática, em contraste com aquilo que parece funcionar somente no papel.

Em resumo, a busca de conhecimento e a mentoria são duas faces da mesma moeda. Uma moeda valiosíssima para promover a inovação, o desenvolvimento pessoal e o sucesso empresarial, garantindo que você não só saiba o que precisa ser feito, mas também como e quando fazer, aumentando, assim, suas chances de alcançar seus objetivos.

## Alinhamento de expectativas

Busco sempre o máximo de informações antes de iniciar um projeto, visando alinhar as expectativas. É natural se empolgar com uma nova ideia e achar que tudo acontecerá do jeito que imaginamos e no tempo que desejamos. No entanto, nem sempre é assim. Às vezes, ao olhar para a vida de pessoas bem-sucedidas, podemos ter a impressão de que o sucesso foi alcançado rapidamente, mas não vemos o processo que percorreram ao longo do caminho.

Quando eu ainda era professor de Matemática, costumava falar com meus alunos sobre os atletas de alto rendimento que vemos nas Olimpíadas. Eu gostava muito de usar o exemplo da natação. Muitos jovens ficam motivados ao ver uma pessoa no pódio recebendo uma medalha. Rapidamente, eles se matriculam em escolinhas de natação, sonhando com aquele momento de glória. Porém, ao descobrirem que um atleta treina de seis a oito horas por dia, mantém uma alimentação regrada, não pode ir a festas e não tem tempo para jogar com os amigos, muitos desistem desse sonho, pois não estão dispostos a pagar o preço.

Durante sua formação como atleta, entre 12 e 16 anos, Michael Phelps — o atleta olímpico mais condecorado da história, com 28 medalhas, das quais 23 são de ouro — treinou todos os dias do ano. Isso mesmo, 365 dias por ano! É inegável que Phelps tinha um talento natural para a natação, mas ele seguiu as orientações e o planejamento de seu treinador e mentor, Bob Bowman, para alcançar todos os seus objetivos, sejam eles de curto, médio ou longo prazo. Certamente,

Michael Phelps pagou o preço para alcançar seu merecido sucesso.

Costumo dizer que o sucesso — e quando falo de sucesso, me refiro a alcançar objetivos — é um combo fechado: se você deseja essa parte (o objetivo), deve se comprometer com essa outra parte (o esforço). Mais uma vez, destaco a frase que prometi repetir algumas vezes neste livro:

***É UMA ILUSÃO ACREDITAR QUE VOCÊ PODE REALIZAR ALGO GRANDIOSO SEM FAZER MAIS DO QUE AS OUTRAS PESSOAS ESTÃO FAZENDO.***

Assim funciona um processo de mentoria. É importante que você entenda que o mentor não vai fazer mágica e transformar o seu negócio de um dia para o outro. Você precisa fazer a sua parte. O papel dele é ajudar a estipular metas desafiadoras, mas alcançáveis, e traçar um plano para atingir esses objetivos. Também é importante definir um prazo para alcançar essas metas. Faça todas as perguntas necessárias ao seu mentor para alinhar as expectativas. Pergunte o que ele espera de você e entenda bem o que pode esperar dele.

Esse alinhamento de expectativas é fundamental para que você não desista no meio do caminho. Ao decidir construir um negócio ou projeto que impacte a vida das pessoas, é preciso entender quanto de energia você terá que investir nessa iniciativa e quanto tempo essa jornada pode durar. A paixão inicial pela ideia ou pelo sonho pode ser substituída pela frustração de não conseguir realizá-lo no tempo ou da forma como você imaginava, caso suas expectativas não estejam bem alinhadas.

Embora o mentor tenha um papel fundamental na orientação e no compartilhamento de conhecimento, o mentorado também tem sua responsabilidade para que essa relação de mentoria seja bem-sucedida. O mentorado deve estar com a mente aberta, disposto a aprender, a receber *feedbacks* e a se expor a novas experiências. Esse comportamento é essencial para absorver todo o impacto que a mentoria pode proporcionar.

Se você pretende passar por um processo de mentoria — seja individual ou em grupo, paga ou gratuita —, seja proativo para aproveitar essa oportunidade ao máximo. Prepare-se antes de cada reunião com seu mentor, faça anotações e desenvolva um plano destacando as áreas em que gostaria de se concentrar. Busque informações, faça perguntas, peça indicações. Escute o que o mentor tem a dizer, mas também diga a ele o que pensa e peça sua opinião.

Uma única frase, um único conselho, pode ser o início de uma grande transformação. Para Michael Phelps, esse início se deu com uma simples técnica de respiração para o nado borboleta, ensinada por seu treinador, Bob Bowman, marcando o começo de uma parceria que o levaria a se tornar o maior medalhista olímpico de todos os tempos.

## O despertar de uma nova força: a renovação de um propósito

Os planos de crescimento para o Colégio Força Máxima são ambiciosos. Queremos impactar a educação básica em todo o Brasil. Eu continuo em busca de conhecimento para levar a empresa cada vez mais longe. Acredito muito no conceito de *lifelong learning* (aprendizado contínuo) e estou sempre à procura de mentores que possam me levar para o próximo nível.

Minha jornada até aqui despertou em mim uma nova força: a de inspirar e orientar outros empreendedores. Lembro do Jhonatan que abriu seu primeiro negócio e enfrentou diversos desafios, correndo até o risco de não concretizar o sonho de empreender. Essa reflexão me fez descobrir um novo propósito nesta fase da minha vida: ajudar outras pessoas a não passarem pelas dificuldades que enfrentei e a encontrarem um caminho mais rápido e seguro para realizarem seus sonhos.

Na verdade, meu propósito sempre foi desenvolver pessoas. Desde quando ajudava os colegas na escola, dando aulas particulares de graça, passando pela escolha da docência em vez de uma carreira como executivo, até a decisão de adquirir a primeira escola licenciada, minha paixão sempre foi ajudar os outros a alcançarem seus objetivos.

Quando dava aula, sentia uma satisfação imensa ao ver a expressão de um aluno que finalmente entendia a matéria. Eu vibrava — e ainda vibro — com os alunos que conseguiam ser aprovados em concursos e universidades. Quando lembrei disso, pensei: "Eu gosto de gerar essa transformação nas pessoas; gosto de mostrar o caminho e provar que elas podem conseguir o que querem".

Existem algumas definições, até polêmicas, sobre o que é propósito. A minha definição é simples: propósito é algo que você continuaria fazendo mesmo que não precisasse mais de dinheiro.

Quando converso com alguém ou dou mentoria, a primeira pergunta que faço é se a pessoa tem clareza sobre o seu propósito. Gosto de brincar: "Se eu depositasse agora cem milhões na sua conta, o que você continuaria fazendo?".

Você pode pensar: "Ah, quem vai querer continuar trabalhando podendo viver só de rendimentos?". Basta ver o exemplo de bilionários. Sim, bilionários que continuam ativamente envolvidos em seus negócios, sempre buscando formas de impactar mais pessoas. Um caso que ilustra bem isso é o do Flávio Augusto. Em 2013, ele vendeu a Wise Up, rede de escolas de idiomas que ele mesmo fundou, por quase um bilhão de reais e, após um ano sabático, retornou ao mundo dos negócios. Isso não é mais sobre dinheiro; é sobre propósito, sobre legado!

**E você? Já descobriu o seu propósito? Aquele que te dá brilho nos olhos, que você faz sem nem perceber o tempo passar? É a união das suas habilidades com sua paixão.**

Eu quero seguir desenvolvendo pessoas, seja na educação básica, com o Colégio Força Máxima, ou como mentor de empreendedores. Essa é a minha forma de retribuir tudo o que conquistei até aqui. Quero ajudar empresários que estão enfrentando desafios semelhantes aos que superei; quero ajudá-los a ter uma mente forte e uma visão estratégica. Quero fazê-los subir de nível.

É exatamente este o principal objetivo deste livro: ser uma ferramenta para ajudar os empreendedores a crescerem mais e mais. Ver o resultado disso me traz uma sensação de realização muito grande.

Estou ansioso para descobrir até onde vai a minha força para cumprir essa missão.

# COLOQUE FORÇA MÁXIMA AQUI

Como mencionei neste capítulo, ao longo dos meus mais de 17 anos de empreendedorismo, meu maior ganho foi a evolução pessoal. Passei por situações bem difíceis, especialmente no início da minha trajetória, e uma das coisas que eu frequentemente pensava era: "Não tenho ninguém para me ajudar". Eu não sabia a quem recorrer, e meus sócios também estavam vivendo o mesmo dilema.

A jornada do empreendedor é solitária e carregada de emoções. Muitas vezes, essas emoções nos impedem de pensar com clareza, fazendo com que não consigamos ver a luz no fim do túnel. No meio de tudo isso, encontramos o medo, a vergonha e o orgulho. O medo de fracassar, a vergonha do que os outros poderão pensar se falharmos, e o orgulho que nos leva a querer resolver tudo sozinhos, evitando mostrar vulnerabilidade.

Essa mistura de sentimentos se transforma em uma bomba prestes a explodir, colocando em risco não apenas a empresa, mas também a saúde mental do empreendedor. Esses desafios impactam nossa vida pessoal, nossos relacionamentos e até mesmo nossa saúde física.

As histórias inspiradoras de figuras como Steve Jobs e Michael Phelps nos mostram que mesmo as pessoas mais visionárias e talentosas conseguem alcançar resultados ainda melhores quando recebem conselhos e orientações de quem já viveu situações parecidas.

Portanto, invista na construção de conexões estratégicas. Esteja com pessoas que possam te ajudar a superar desafios e a identificar oportunidades de crescimento. Essa rede de relacionamentos será fundamental para a sua evolução pessoal e para o sucesso do seu negócio.

**Coloque força máxima em se conectar com pessoas que vão te ajudar a realizar os seus sonhos!**

## Perguntas para Reflexão:

Em sua jornada empreendedora, você tem buscado ativamente mentoria ou conselhos de pessoas com mais experiência? Se sim, como essa orientação tem impactado seus negócios e seu desenvolvimento pessoal? Se não, quais emoções têm te impedido de buscar esse tipo de apoio?

Em momentos de dificuldade em sua jornada empreendedora, qual é a sua primeira reação? Você tende a se isolar e tentar resolver tudo sozinho ou busca apoio em sua rede de contatos? Reflita sobre os resultados que cada uma dessas opções tem trazido para você.

Pensando em sua rede de contatos atual, quem seriam as pessoas que poderiam oferecer mentoria, conselhos ou simplesmente apoio emocional em sua jornada? Faça uma lista. Se você sentir que sua rede é limitada, quais ações você pode tomar para criar novas conexões?

Você já experimentou a sensação de estar "carregando o mundo nas costas" em seu negócio? Relembre essa experiência e reflita sobre o impacto que ela teve em sua saúde física e mental, assim como em seus relacionamentos.

Quais áreas da sua vida ou do seu negócio você acredita que poderiam se beneficiar de uma orientação ou aconselhamento? Que tipo de mentor ou conselheiro você buscaria para cada área?

**Qual é o primeiro passo concreto que você pode dar hoje mesmo para se conectar com pessoas que podem te ajudar a alcançar seus objetivos?** Pode ser enviar uma mensagem para alguém que você admira, participar de um evento de *networking* ou simplesmente pesquisar sobre comunidades de empreendedores em sua área.

**"Se eu vi mais longe,**
**foi por estar sobre ombros de gigantes."**

*Isaac Newton*

CAPÍTULO ESPECIAL

# A FORÇA DA GRATIDÃO

*SEMPRE FOI E SEMPRE SERÁ SOBRE PESSOAS*

*"100% dos clientes são pessoas. 100% dos funcionários são pessoas. Se você não entende de pessoas, você não entende de negócios."*

Essa frase de Simon Sinek, um dos maiores especialistas em liderança da atualidade, resume bem a essência de qualquer empreendimento bem-sucedido: **as pessoas**. Por trás de cada conquista, há uma rede de pessoas que, de alguma forma, ajudaram a tornar o sucesso possível.

Na verdade, as pessoas não apenas ajudam a construir negócios, mas também moldam o caráter daqueles que se relacionam com elas. Empresários, funcionários, fornecedores e clientes são influenciados por suas interações, e cada um carrega consigo as marcas deixadas por pais, professores, amigos e mentores.

Neste capítulo especial, quero expressar minha gratidão e reconhecer a importância de pessoas que foram fundamentais na minha formação como ser humano, empresário e líder. Pessoas que estiveram ao meu lado nos momentos de desafio e celebração, que acreditaram no meu potencial e me ajudaram a transformar sonhos em realidade.

Mas este capítulo não é apenas uma homenagem; é também um convite para que você, leitor, reflita sobre as pessoas que foram decisivas na sua caminhada.

Valorizar quem esteve, e está, ao seu lado faz toda a diferença. Reconhecer o esforço, a dedicação e o apoio daqueles que contribuíram para o seu crescimento não apenas fortalece os laços, mas também cria um ambiente de confiança e reciprocidade. E, no mundo dos negócios, onde a competição é acirrada e os desafios são constantes, ter uma rede de apoio sólida e confiável pode ser o diferencial entre o sucesso e o fracasso.

## A Força da Família

Meus pais, José Pache e Solange de Souza, e minha irmã, Tatiane de Souza, tiveram um papel fundamental na minha formação como indivíduo. Graças a eles, me tornei a pessoa que sou hoje.

Do meu pai, herdei a veia empreendedora, o ímpeto para buscar o que quero e a resiliência para superar momentos desafiadores. No início da minha jornada, quando enfrentei muitos desafios, lembrar de suas lutas, sempre tentando virar o jogo por meio do empreendedorismo, me ajudava a seguir em frente.

Sou grato ao meu pai também pela educação que recebi. A disciplina que tenho, tão importante para alcançar meus objetivos, é fruto de sua participação direta na formação do meu caráter. Meu pai sempre esteve muito presente, e ele me passou um dos mais importantes valores que tenho: a família. O papel do Sr. José Pache é fundamental na minha formação como homem, marido, pai, amigo e empresário.

Observando a minha mãe, aprendi que, por mais que eu não esteja pronto agora, posso me preparar para alcançar meus objetivos. Aprendi a ser paciente e organizado, equilibrando o ímpeto com a prudência. Enquanto o meu pai me inspirou a sonhar, minha mãe me ensinou a sonhar com os pés no chão e, principalmente, a realizar. Entendi que os sonhos devem ser planejados e, então, viabilizados. Com ela, também aprendi que a organização é essencial, e isso me fez ser um empreendedor administrador, o que é fundamental para o sucesso de um negócio.

O carinho de mãe, aquele cafuné gostoso que ela fazia, me ensinou a importância do afeto. As conversas que tinha com ela, para confessar meus sonhos, desejos, frustrações e preocupações, me mostram hoje como é importante ter o acolhimento de alguém, um lugar seguro para falar.

Minha irmã, Tatiane de Souza, me ensinou o que é cuidar e o valor da cumplicidade e parceria. Lembro das vezes que eu aprontava e ela me dava cobertura, e sempre dou risada disso, especialmente na ocasião em que ameacei fugir de casa.

Se hoje sou quem sou, devo muito à Tatiane. Desde pequenos, éramos opostos: ela disciplinada, organizada, sempre focada nos estudos; eu, bagunceiro, rebelde sem causa, sem muita responsabilidade com as tarefas. Mas foi observando a dedicação dela que aprendi o valor do esforço. Vi de perto os resultados que ela alcançava — boas notas, reconhecimento, oportunidades — e entendi que nada disso vinha por acaso. Aos poucos, segui seu exemplo, mesmo sem perceber. Tatiane foi minha referência, meu norte, a pessoa que me mostrou, com atitudes e não com palavras, que o sucesso é consequência da dedicação. A ela, minha eterna gratidão.

Chegando à adolescência, conheci o amor da minha vida. Certamente, eu não teria suportado tudo o que passei sem o apoio da minha esposa, Vivian Pache. Desde a primeira decisão que tive que tomar em relação à minha carreira, o que foi determinante para que eu chegasse onde estou hoje, ela me transmitiu a confiança que eu precisava para fazer a escolha do coração, e não a da razão.

Minha esposa é tudo para mim! Sou grato porque ela me olha com orgulho e admiração, e eu me sinto honrado por isso. Ao lado dela, eu me sinto imbatível. Não tenho dúvidas de que grande parte da minha força interior vem do simples fato de eu saber que ela está ao meu lado, saber que ela está ali para escutar os meus sonhos e também os meus desafios. Suas palavras me enchem de coragem, e um simples olhar dela me transmite tanta coisa boa que me faz acreditar que sou capaz de realizar qualquer coisa. Vivian é a minha fonte de inspiração. Uma esposa incrível, filha exemplar e uma mãe maravilhosa. É a mulher da minha vida, e dou graças a Deus por tê-la ao meu lado.

Meu filho Emanuel me fez desenvolver habilidades que eu não tinha, me tirou da zona de conforto, não só por ser o primeiro filho, mas por viver uma situação inesperada que foi a sua perda de visão. Enquanto eu tinha receio de que ele ficasse desmotivado e perdesse a alegria de viver, ele superou um desafio, que eu não posso nem imaginar o grau de dificuldade, de maneira incrível. Ele reforçou a minha convicção de que, mesmo quando acontecem coisas negativas em nossas vidas, isso não decreta o fim do jogo.

Emanuel é o exemplo perfeito do pilar Acreditar. Mesmo diante de todas as dificuldades, ele continua acreditando no milagre e nunca me deixa dizer que ele não pode ou não é capaz. Ele me olha e diz: "Eu quero tentar!". E quem sou eu para falar que não é possível, que ele não deve tentar? Emanuel me ensina todos os dias que não podemos simplesmente parar diante de uma barreira, um desafio. Não podemos desistir sem tentar, devemos acreditar que é possível, mesmo com nossas limitações. Quando olho para ele e penso nas dificuldades que enfrento, eu falo: "Isso não é nada! Eu tenho que ir para cima, tenho que superar". Sou extremamente grato ao Emanuel por me ensinar tanto.

Sou grato pela vida do meu filho mais novo, Gabriel, porque ele me traz leveza, me traz paz. Ele tem uma sensibilidade muito forte, sente verdadeiramente a dor do outro. Gabriel me inspira a acreditar mais na humanidade. Ele me ensina sobre empatia, porque eu confesso que essa não é a minha maior habilidade, nunca foi, nem mesmo quando criança. Tenho muito orgulho do menino bom, no sentido mais puro da palavra, que ele é. Ele se importa genuinamente com as pessoas. Ele sempre quer incluir todo mundo no grupo de amigos, independentemente das diferenças.

Gabriel me faz entender que a vida não precisa ser tão acelerada, que precisamos ter mais atenção aos detalhes, viver o momento e apreciar o que a vida nos reserva. Quando estou estressado, muito acelerado, olho para ele e já me sinto mais relaxado.

Meus filhos, Emanuel e Gabriel, me fazem me sentir muito amado. É por eles e pela minha esposa que me desafio, todos os dias, a saber até onde vai a minha força.

## A Força das Raízes

Quero fazer uma menção especial às minhas avós, Hilda e Belinha, que tiveram um papel fundamental na minha vida, especialmente na minha infância. Elas foram, de certa forma, minhas "segundas mães". Vovó Hilda, minha avó materna, ajudou a me criar enquanto meus pais trabalhavam. Passei muitas tardes em sua casa, sendo educado com carinho e, ao mesmo tempo, com disciplina. Ela brigava comigo quando precisava, mas o que sempre prevaleceu foi o afeto de avó, aquele amor incondicional que nos dá segurança.

Já vovó Belinha, mãe do meu pai, esteve ainda mais presente quando nos mudamos para o sítio e ela se tornou minha vizinha. Eu passava horas na casa dela, principalmente nas férias, brincando com meus primos. Vovó Belinha nunca escondeu que eu era seu neto preferido, e eu, claro, adorava essa posição privilegiada. Ela tinha uma fé inabalável, e eu me apoiava nisso nos momentos difíceis. Até depois de adulto, com a escola já funcionando, eu brincava dizendo: "Vó, a senhora parou de orar por mim? Tá dando tudo errado!", e ela, prontamente, prometia interceder.

Minhas avós se foram há muitos anos, mas deixaram em mim saudades e lembranças preciosas. Essas duas mulheres me ensinaram sobre amor incondicional, fé e a importância do apoio familiar. As tardes que passei com elas, assistindo à televisão ou brincando no sítio, foram momentos de uma vida mais simples, mas cheia de significado. Sou imensamente grato por ter tido a oportunidade de passar tanto tempo ao lado delas e por todo o carinho que me dedicaram. Suas memórias seguem vivas em mim, e meu amor por elas será eterno.

## Quem Cuida da Minha Família, Cuida de Mim

Quando alguém cuida de quem amamos, está nos oferecendo um dos maiores gestos de apoio que podemos receber. Vivian e eu enfrentamos um dos momentos mais desafiadores da nossa vida quando nosso filho Emanuel perdeu a visão. Foram meses de adaptação, aprendizado e superação, e contar com pessoas que nos apoiaram e souberam nos guiar fez toda a diferença.

Sharlene de Holanda foi uma pessoa importantíssima nesse momento. Como mediadora, ela não apenas ajudou no desenvolvimento da autonomia do Emanuel, mas também nos ofereceu um suporte emocional incrível. De maneira muito empática, até por ter uma filha com baixa visão, ela conversava muito comigo e com minha esposa, acalmando nossas ansiedades e nos alertando sobre como essa fase poderia impactar também o Gabriel, nosso filho mais novo, já que o Emanuel tinha toda a nossa atenção. Ela fez parte da rotina intensa de adaptação do Emanuel no retorno às aulas, sentando-se ao seu lado na escola, mas se tornando "invisível" aos colegas, para que ele pudesse se desenvolver com confiança. Hoje, Emanuel não precisa mais de um mediador, e isso é, em grande parte, graças à Sharlene. Minha gratidão a ela é eterna, não apenas por ter ajudado meu filho, mas por ter nos guiado com tanto cuidado e sensibilidade em uma fase tão delicada das nossas vidas.

Luziano Gomes não foi apenas um professor de xadrez para o meu filho Emanuel; ele foi um verdadeiro mentor que usou o xadrez como uma ferramenta para ensinar lições profundas. Eu vejo o xadrez como um jogo que tem um paralelo muito forte com a vida, quando situações inesperadas nos pegam desprevenidos e precisamos ter sangue-frio e pensar estrategicamente para sair daquela situação. E o Luziano fez esse paralelo como ninguém. Ele transformou cada aula em uma verdadeira terapia, preparando meu filho para os desafios reais que ele enfrenta diariamente. Além de ser especializado em adaptações para pessoas com baixa visão, Luziano entregou muito mais do que técnicas de jogo — ele ajudou o Emanuel a ter controle emocional e uma mentalidade forte de superação. Ele não apenas ensinou meu filho a jogar xadrez, mas o preparou para jogar o jogo da vida com mais força e confiança. Seu trabalho foi, e continua sendo, um presente inestimável para o Emanuel e para toda a nossa família, e por isso minha gratidão a ele é imensa.

## A Força da Confiança

Ao longo do caminho, encontrei pessoas que, em momentos decisivos, estenderam a mão e acreditaram no meu potencial, mesmo quando os desafios pareciam maiores do que as possibilidades.

Seja apostando no meu trabalho, me ajudando a viabilizar projetos ou simplesmente oferecendo apoio e confiança, essas pessoas tiveram um papel importante no meu crescimento.

Rodrigo Mucy é mais do que um parceiro profissional, mais do que um amigo, é um irmão de longa data, alguém que esteve presente em diferentes fases da minha vida. Nossa amizade começou na escola e, apesar de termos tomado caminhos diferentes na faculdade, o destino nos reconectou. Em um momento difícil para ele, convidei-o para trabalhar comigo, e foi na minha escola que ele se encontrou profissionalmente. Cresceu como professor de Educação Física, se destacou, virou coordenador e, mais tarde, abriu a empresa Carolisa Gourmet, assumindo nossas cantinas e ficando responsável pela alimentação dos nossos alunos.

Mais do que pelo seu trabalho, sou grato por sua amizade. Rodrigo sempre foi alguém em quem pude confiar e conversar nos momentos de pressão, alguém com quem sempre pude falar sobre os desafios e encontrar apoio sincero. Em uma jornada tão solitária como a do empreendedorismo, ter um amigo em quem confiar para dividir preocupações e desabafar faz toda a diferença.

Elieci Pedro, mais conhecido como Seu Pedro, era o proprietário do *shopping* onde nossa segunda unidade está localizada, em Vilar dos Teles. Quando o espaço ao lado da escola, antes ocupado pelo Detran, ficou vago, ele me perguntou se eu não queria alugar. Disse que seria ótimo, porque era uma oportunidade de expandir a escola e incluir o Ensino Fundamental I, mas, naquela ocasião, eu não tinha recursos para fazer a obra necessária e nem de pagar o aluguel sem ter alunos matriculados. Em um gesto raro, daqueles que só acontecem quando alguém acredita verdadeiramente no potencial do outro e estende a mão no momento certo, ele me fez uma proposta inesperada: ele faria toda a obra, e eu só pagaria o aluguel quando a escola estivesse funcionando.

Seu Pedro foi um parceiro verdadeiro, alguém que enxergou valor no que estávamos construindo e teve a coragem de apostar na nossa visão. Seu apoio nos deu estrutura para crescer e proporcionou um novo posicionamento e uma visibilidade que até então não tínhamos na região. Graças a ele, não apenas alcancei o objetivo de ter uma escola completa, mas também realizei o sonho de ver meu filho estudando na minha escola, recebendo uma educação de qualidade no mesmo lugar onde eu construía meu legado. Infelizmente, Seu Pedro faleceu pouco depois da pandemia, mas sua contribuição está eternizada na nossa história. Nunca ninguém tinha feito algo assim por mim, e por isso minha gratidão a ele será eterna.

Gecimar Camilo e Fernando Botelho foram mais do que os primeiros franqueados da Força Máxima Educação; foram os primeiros a enxergar valor no que estávamos construindo, antes mesmo de tudo estar completamente estruturado. Eles tinham um colégio em Pilares com aproximadamente 300 alunos e, ao conhecerem nosso projeto, decidiram que queriam fazer parte. Sem um manual de operação totalmente pronto, sem um modelo consolidado, eles acreditaram e deram o primeiro passo. Com isso, eles foram fundamentais para provar que o sonho era viável. A parceria foi um sucesso para ambos os lados: em pouco tempo, o colégio deles, que começou com pouco mais de 300 alunos, atingiu a marca de 650 alunos e ainda expandiram abrindo mais uma unidade, um crescimento que reforçou a confiança no modelo e no potencial da franquia.

Camilo e Fernando também contribuíram ativamente para o desenvolvimento dos manuais e processos, ajudando a moldar a franquia com base na realidade do dia a dia e nas demandas da unidade e do mercado. Sou imensamente grato a eles por terem acreditado no projeto antes mesmo de ele estar 100% pronto e por terem contribuído de forma tão significativa para nosso modelo de franquia.

Luís Amaral foi uma pessoa importante em um momento muito desafiador da minha trajetória. Quando eu ainda era dono de uma escola licenciada, comprava os materiais didáticos de uma editora da qual ele era diretor e um dos sócios. No primeiro ano de operação, usei o valor da venda desses materiais para manter a escola funcionando, o que gerou uma dívida significativa com a editora. Seus sócios eram inflexíveis, mas Luís apostou em mim e decidiu me ajudar. Em um período em que eu ainda não tinha experiência em negociação e nem clareza sobre meu potencial de crescimento, ele me mostrou o valor que eu tinha como cliente e reestruturou minha dívida de um jeito que eu pudesse pagar. Mais do que me proporcionar um alívio financeiro, ele me deu paz para continuar avançando, e essa confiança fez toda a diferença.

Anos depois, Luís voltou à minha vida de outra forma. Dessa vez, ele me provocou com uma pergunta: "Por que você ainda não tem uma editora própria?". Eu já tinha porte para isso e já considerava essa possibilidade, mas foi ele quem me motivou e viabilizou esse processo. Contratei o Luís para estruturar toda a operação da nossa editora, e esse foi um passo crucial para o crescimento do nosso negócio. Sou grato a ele tanto pela confiança no início, quando precisei reestruturar minha dívida, quanto pelo encorajamento e apoio na criação da Editora Força Máxima.

## Ninguém Constrói Nada Grande Sozinho

Ninguém constrói nada grande sozinho. Eu acredito muito nesse pensamento, por isso, repeti essa frase algumas vezes ao longo do livro. O sucesso de uma empresa nasce da soma de talentos, esforços e, principalmente, do apoio das pessoas certas. Eu tive a sorte de contar com parceiros que, de diferentes formas, contribuíram para o crescimento do Colégio Força Máxima e para o meu próprio desenvolvimento. Sou muito grato a essas pessoas que ajudaram a construir tudo o que realizamos até aqui, promovendo um verdadeiro impacto na educação.

Pierre Pereira, que está comigo desde a minha primeira aventura no empreendedorismo, sempre foi meu contraponto. Enquanto eu era o empreendedor visionário, sempre otimista, acreditando que todo e qualquer projeto daria certo, o Pierre era a voz da razão, mostrando pontos vulneráveis no planejamento. Ele sempre procurou correr riscos calculados e assumia o papel de administrador. E se a gente conseguiu crescer, foi muito por ele assumir a gestão financeira e tomar decisões acertadas.

Sou grato ao Pierre por ele ser esse contraponto, o que me fez crescer como empresário. Sempre defendi muito as minhas ideias, mas isso não quer dizer que eu sempre estava certo. Acredito que quando ninguém te contrapõe, você pode cair em uma armadilha, pois não tem ninguém para te fazer refletir. E o Pierre sempre teve esse poder, até porque ele foi meu professor, e eu sempre o respeitei e sempre o tive como uma pessoa muito inteligente. Ele me completou como um gestor, me mostrando pontos que eu, em alguns momentos, negligenciei. Por sinal, o administrador era uma característica que eu também tinha, mas que o meu eu empreendedor tentava sufocar.

E o Pierre me ajudou a perceber isso.

Rafael Roquette foi uma figura icônica na minha trajetória. Como meu sócio nas duas primeiras escolas, ele trouxe uma criatividade sem limites. Sempre bem-humorado, com muita energia e cheio de ideias, lançava novos projetos a todo momento, mais até do que a gente conseguia colocar em prática. Mas era exatamente esse impulso inicial que me tirava da inércia. No começo da minha jornada, eu ainda tinha insegurança para tomar decisões, medo de errar, de arriscar. E aí entrava o Roquette, com sua mentalidade de "implementar rápido, errar rápido". Enquanto ele dava o *start* em tudo, eu aprendia a identificar quais projetos tinham potencial e os levava adiante. Nossa parceria funcionava como um motor de inovação — ele lançava as ideias, e eu fazia com que algumas delas realmente acontecessem.

O que aprendi com o Rafael foi algo que carrego até hoje: a importância de agir, testar e corrigir o curso com agilidade, conforme necessário. Ele já operava com a mentalidade das *startups* antes mesmo de esse conceito ser amplamente difundido. Se não fosse por ele, talvez tivéssemos sido mais conservadores e menos inovadores. Roquette sempre foi movido pelo novo, pelo inexplorado, pelo entusiasmo da criação. Ele me ajudou a superar o medo de arriscar, a entender que falhar faz parte do processo, e que o crescimento só acontece quando temos coragem de dar o primeiro passo. Hoje, vejo o quanto ele contribuiu para o nosso sucesso, não apenas com suas ideias, mas com sua coragem de começar. Sou grato a ele por ter sido esse impulso inicial em tantos momentos e por ter me ensinado que a ação vale mais do que a hesitação.

Fábio Rodrigues foi meu sócio em cinco unidades. Em algum momento, percebemos que estávamos buscando caminhos diferentes e concordamos que todo mundo tem o direito de buscar aquilo que vai lhe deixar mais feliz. Sou grato ao Fábio porque ele chegou para somar em um momento em que estavam aparecendo algumas possibilidades, mas eu estava impossibilitado de fazer maiores investimentos. Ele me ofereceu a oportunidade do colégio em São Gonçalo, enxergando em mim um sócio que dominava a operação, com três unidades e sete anos de experiência, e que podia trazer os resultados esperados.

Disse ao Fábio que não tinha o dinheiro para investir, e ele prontamente se ofereceu para fazer o investimento total, com a condição de que eu pagasse minha parte quando a escola estivesse lucrativa. A unidade de São Gonçalo foi um sucesso e um marco em nossa jornada, e essa parceria se estendeu para outras unidades. Sou grato ao Fábio por essa oportunidade, pela parceria e pela troca de conhecimento ao longo do tempo que estivemos juntos. Certamente, ele foi fundamental para o meu crescimento, e eu lhe desejo muito sucesso.

Márcia Brum foi uma das primeiras funcionárias da escola e uma peça fundamental no início da nossa trajetória. Mãe do Rian e da Marcelli, dois alunos brilhantes que tive, ela queria voltar ao mercado de trabalho após 15 anos de dedicação à família. Quando a Marcelli, que é a mais velha, me contou essa situação, não hesitei em contratar a Márcia para a secretaria. Conforme a escola crescia, ela também crescia dentro da empresa. Passou pelo financeiro, me ajudando com as contas a pagar e receber, até se tornar diretora de RH, cargo que ocupou por muitos anos. Durante mais de uma década, ela esteve ao meu lado inaugurando unidades, enfrentando desafios e até cuidando de pequenos detalhes do dia a dia, garantindo que tudo funcionasse bem nos bastidores.

Infelizmente, com as mudanças e reestruturações que enfrentamos ao longo dos anos, ela acabou saindo da empresa. Apesar de termos perdido o contato, sou imensamente grato por tudo o que ela fez. Márcia não foi apenas uma colaboradora; foi uma amiga que esteve presente nos momentos mais difíceis. Sua trajetória dentro da empresa é um exemplo de dedicação e superação, e quero honrar sua contribuição com este agradecimento. Ela fez parte da nossa história e sempre terá um lugar especial nela.

Felipe Domingos sempre foi mais do que um grande amigo; foi um companheiro de jornada desde os meus primeiros passos como professor. Quando eu me sentia um peixe fora d'água, em um ambiente onde não me identificava com o perfil dos outros professores, conhecer o Felipe fez toda a diferença. Assim como eu, ele estava começando sua trajetória e compartilhava dos mesmos valores, como fé, família e honestidade. Além disso, tínhamos uma visão de trabalho e de negócios muito parecida. Essa conexão nos aproximou de imediato.

Quando assumi o desafio de empreender, Felipe esteve ao meu lado, primeiro como professor, e logo depois ajudando a estruturar os processos que dariam solidez ao nosso projeto. Enquanto minha mente estava sempre acelerada, cheia de novas ideias, ele tinha um olhar atento aos detalhes, sempre se antecipando a qualquer problema na operação, garantindo que cada etapa fosse bem planejada. Se hoje temos um sistema organizado e eficiente, muito disso se deve a ele. Felipe é um amigo leal e um profissional comprometido, que me inspira a evoluir e nunca me acomodar. Sou grato por sua parceria, pela sua contribuição essencial para o crescimento do Colégio Força Máxima e pela sua amizade sincera e verdadeira.

Sâmela Cavalcanti é uma guerreira incansável que sempre esteve ao meu lado, pronta para abraçar e executar cada projeto com uma dedicação impressionante. Ela começou como professora alfabetizadora em Nova Iguaçu e se tornou uma peça fundamental no Grupo Força Máxima Educação. Sâmela tem uma capacidade única de transformar ideias em resultados. Na Excelência do Saber, nossa distribuidora de livros didáticos, ela praticamente construiu a operação do zero — montou equipe, vendeu, gerou lucro e expandiu.

Hoje, como CINO (Diretora de Inovação) do grupo, a Sâmela impulsiona nossa visão com uma mentalidade voltada para o crescimento, sempre trazendo novidades do mercado e buscando oportunidades para fortalecer financeiramente a empresa. Ela tem uma habilidade incrível para negociações e vendas, complementando perfeitamente o trabalho do Felipe, nosso COO (Diretor de Operações). Enquanto eu trago as ideias e Felipe garante a entrega, Sâmela foca em como podemos vender mais, gerar mais valor e trazer mais recursos para o caixa. Sâmela é um exemplo de lealdade, fidelidade e dedicação, e sou imensamente grato por tê-la como parte essencial da nossa trajetória. Ela não só vive os sonhos da empresa como se fossem seus, mas também nos inspira a sonhar cada vez mais alto.

## A Força das Pessoas

Este capítulo é um tributo às pessoas que me ajudaram a transformar desafios em oportunidades, e sonhos em realidade, mostrando que o sucesso é sempre uma construção coletiva. Cada pessoa mencionada aqui deixou uma marca profunda na minha vida e na trajetória do Grupo Força Máxima Educação.

Não poderia encerrar sem expressar minha gratidão aos meus sogros, amigos, familiares e a todos que, de alguma forma, contribuíram para minha caminhada. Mesmo que eu não tenha mencionado cada nome individualmente, saibam que cada gesto de apoio, ideias visionárias, colaboração diária ou simplesmente estando ao meu lado nos momentos mais difíceis foram fundamentais para construir tudo o que alcançamos até aqui. Que todos se sintam honrados e se alegrem com esta pequena, mas sincera, homenagem!

Agradeço a você, leitor, e espero que estas histórias o motivem a olhar ao redor e reconhecer as pessoas que fazem a diferença na sua vida e no seu negócio. Uma jornada marcada pela gratidão e pelo reconhecimento é o que nos fortalece e nos permite construir não apenas negócios de sucesso, mas também deixar um legado que transforma vidas.

> **"Quando Deus quer abençoar alguém,**
> **Ele coloca uma pessoa em seu caminho."**
>
> *Autor desconhecido*

# CONSIDERAÇÕES FINAIS

Algumas leituras terminam quando o livro se fecha. Outras despertam uma nova forma de enxergar o mundo e nos desafiam a agir. Minha intenção com este livro sempre foi a segunda opção. Compartilhei experiências, desafios e aprendizados que moldaram minha trajetória para que você pudesse encontrar respostas, se inspirar e, principalmente, transformar conhecimento em ação. Agora, a grande questão é: **o que você fará com tudo isso?**

Este livro é um convite para que você olhe para dentro de si e descubra que a força que busca já está aí, esperando para ser despertada. A vida nos desafia o tempo todo e, às vezes, bate com força, como fez comigo em 2020, quando a pandemia e o diagnóstico do meu filho pareciam querer me derrubar definitivamente. Mas são nesses momentos que descobrimos do que realmente somos feitos, são justamente essas situações que revelam nossa verdadeira essência, nossa força interior e nossa capacidade de resistência.

Da mesma forma, o caminho do empreendedorismo não é linear. Ele é feito de altos e baixos, momentos de glória e períodos de profunda incerteza e introspecção. E é justamente nessa oscilação que encontramos as maiores oportunidades de crescimento. Cada desafio que enfrentei, cada crise que superei e cada vitória que celebrei me ensinaram que o sucesso não é um destino, mas uma jornada. O sucesso não acontece de um dia para o outro, ele é resultado de decisões bem tomadas, de uma mentalidade forte e da força para continuar mesmo quando tudo parece difícil.

Você agora tem em mãos um mapa. Um guia prático baseado em vivências reais, erros e acertos, vitórias e derrotas. Mas apenas ter um mapa não te leva até onde você quer chegar. Mapas só têm valor se forem usados. De nada adianta absorver conhecimento se ele não for aplicado.

Por isso, ao longo desta jornada, compartilhei não apenas histórias, mas um método que pode ser aplicado imediatamente em seu negócio e em sua vida: a **Metodologia MÁXIMA**. Um sistema estruturado para ajudar você a desenvolver a mentalidade certa, agir com determinação, multiplicar seus resultados, usar a inteligência, fortalecer sua marca e acreditar no seu potencial.

A Metodologia MÁXIMA não nasceu de teorias prontas ou fórmulas mágicas. Ela foi forjada na prática, no dia a dia de quem decidiu encarar os problemas, aproveitar as oportunidades, aprender com os erros, buscar a evolução constantemente e transformar cada queda em um degrau para o próximo nível.

Quando olho para trás, vejo um jovem empreendedor que começou com um sonho simples: impactar vidas através da educação. Hoje, vejo um empresário experiente que construiu um forte grupo educacional e, mais importante, uma comunidade de pessoas que acreditam no poder da educação para transformar o mundo. Mas não foi fácil. Houve momentos em que duvidei de mim mesmo e pensei em desistir. Momentos em que o medo tentou me paralisar e a incerteza parecia maior do que a minha capacidade de seguir em frente. E foi justamente nesses momentos que os pilares da Metodologia MÁXIMA me mantiveram de pé.

Portanto, **eu te desafio!**

Desafio você a sair da inércia, a romper com padrões que te limitam, a agir com intencionalidade. O que você pode fazer hoje, agora, para dar um passo em direção ao seu próximo nível? Que decisão você está adiando? O que precisa mudar para que a sua força seja levada ao máximo?

Você não precisa ter todas as respostas agora. Você só precisa dar o primeiro passo. E, ao fazer isso, você já estará mais perto do que imagina. Acredite no processo, confie no seu potencial e, acima de tudo, nunca deixe de sonhar alto.

Acredite: você tem muito mais potencial do que imagina. Muitas vezes, o que nos separa daquilo que queremos é apenas a coragem de começar. Independentemente da sua idade, da sua condição econômica, dos seus recursos ou das dificuldades que enfrenta, sempre existe uma forma de dar o primeiro passo. O verdadeiro limite está na sua mente e na sua disposição para agir.

Quero te convidar a continuar essa jornada comigo. Me siga nas redes sociais, participe dos eventos que organizo, acompanhe os conteúdos que compartilho e faça parte dessa comunidade que acredita no poder da educação, do empreendedorismo e do desenvolvimento pessoal. Juntos, podemos ir ainda mais longe, porque acredito que, quando compartilhamos conhecimento e experiências, multiplicamos nosso impacto.

Agora é com você! Coloque em prática os aprendizados e os *insights* que você teve com este livro. Teste, ajuste, evolua! Descubra até onde vai a sua força e, quando chegar lá, desafie-se a ir ainda mais longe.

Porque, no final das contas, a maior força que você pode ter é acreditar que é capaz. E eu acredito em você.

**Com força máxima,**

***Jhonatan Pache***

@jhonatan.pache Jhonatan Pache Faria

# REFERÊNCIAS BIBLIOGRÁFICAS


DWECK, Carol S. *Mindset*: a nova psicologia do sucesso. Rio de Janeiro: Objetiva, 2017.

EKER, T. Harv. *Os segredos da mente milionária*: aprenda a enriquecer mudando seus conceitos sobre o dinheiro e adotando os hábitos das pessoas bem-sucedidas. Rio de Janeiro: Sextante, 2006.

GALLWEY, W. Timothy. *O jogo interior do tênis*. São Paulo: Edipro, 2022.

GERBER, Michael E. *O mito do empreendedor*. Curitiba: Fundamento, 2014.

HILL, Napoleon. *O manuscrito original*: as leis do triunfo e do sucesso de Napoleon Hill. Porto Alegre: Citadel, 2017.

HILL, Napoleon. *Quem pensa enriquece*. Curitiba: Fundamento, 2018.

SEBRAE. Cultura organizacional: o que é, como se forma e meios de fortalecer. 2023. Disponível em: https://sebrae.com.br/sites/PortalSebrae/artigos/cultura-organizacional-o-que-e-como-se-forma-e-meios-de-fortalecer,bcc3e6def171e510VgnVCM1000004c00210aRCRD. Acesso em: 16 jan. 2025.

SILVA, Flávio Augusto da. *Ponto de inflexão*. São Paulo: Buzz Editora, 2019.

Livraria Insight